男女平等はどこまで進んだか

— 女性差別撤廃条約から考える

山下泰子・矢澤澄子 監修
国際女性の地位協会 編

ニア新書 874

はじめに

本書の前身は、岩波ジュニア新書『女性の権利――ハンドブック女性差別撤廃条約』(初版一九九九年)と『新版 女性の権利――ハンドブック女性差別撤廃条約』(初版二〇〇五年)です。本書はこれらに続く、国際女性の地位協会編の岩波ジュニア新書第三弾です。女性差別撤廃条約の研究・普及を目的として一九八七年に設立された国際女性の地位協会は、二〇一七年に三〇周年を迎えました。その記念事業の一環として、本書を出版できることをたいへん嬉しく思います。

本書は、女性差別撤廃条約と、条約を基にした男女平等(ジェンダー平等)の国際基準の展開について、若い読者のみなさんに理解を深めていただくために、条約に関わる身近なテーマやトピックスを切り口にして各章とコラムを構成しました。各章では、ホットな課題を取り上げながら、条約の関連する条文の内容についてやさしく解説します。関心のあるところから読み進めていただいても構いません。

各章の内容は、条約のすべての条文を網羅するものではありません。条約全体と選択議定書については、巻末に掲載した条約対訳(英語正文と公定訳)とその解説等を通して、一貫したものとして理解していただけるようになっています。また巻末の参考図書・資料、関連情報のインターネット検索方法、各章に関わる映像資料の解説などもぜひ参考にしてください。

二六名の執筆者は、長年、条約の研究・普及に取り組んできた国際女性の地位協会のメンバーです。本書の執筆に当たっては、それぞれの草稿を研究会で検討し、参加者のディスカッションの後に原稿をまとめるという手法をとりました。そうすることによって、現実に起こっているさまざまな問題が女性差別撤廃条約と多面的に関連づけられ、差別をなくすための考え方についての内容が深まり、みなさんに受け入れられやすいものになることを目指しました。

私たちは、全力をあげて、できるだけわかりやすく条約の内容をお伝えし、みなさんが、女性差別撤廃条約を活かして日々の暮らしを平和で豊かなものにしていくことを願って本書を執筆しました。条約という男女平等への国際基準を自分のものにすることによって、あなた自身と多様な一人ひとりの人権を大切にし、平等で差別のない世界の発展に向けて歩みを進めてください。

今年は世界人権宣言が採択されて七〇年の節目の年です。世界人権宣言は、一九四八年一二月一〇日、パリで開かれた第三回国連総会で合意されたもので、平和な世界を実現する礎《いしずえ》として、あらゆる人びとの基本的人権を認めた歴史的な宣言と言えます。その理念と精神は、その後、女性差別撤廃条約など多くの国際条約を生み出す源となりました。本書は女性差別撤廃条約を基に男女平等について幅広く考え、いまも根強いさまざまな差別をなくすためのヒントをご提案します。こうした本書もまた、世界人権宣言の精神を受け継ぎ、次世代に引き継ごうとする細やかな試みの一つと言えます。

最後になりましたが、本書の企画段階から出版に至るまで、並々ならぬご尽力をいただきました岩波書店の方々、また研究会の設営やとりまとめなどを含めて、出版への長い道のりを真《しん》摯《し》にサポートしてくださった岩波ジュニア新書編集部の山下真智子さんに、心よりお礼申し上げます。

二〇一八年四月

山下泰子
矢澤澄子

目次

目次

関する日本レポートとその審議

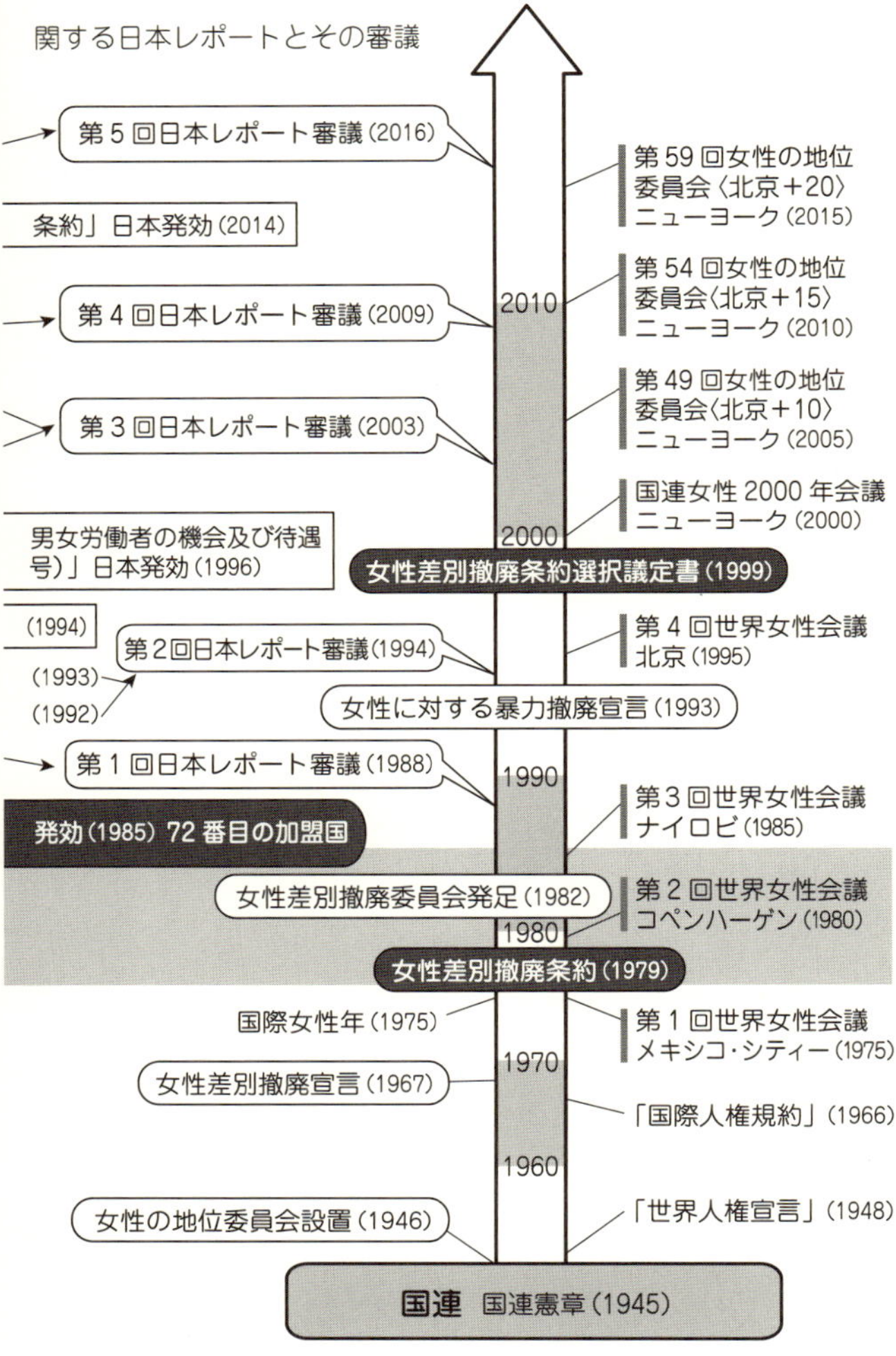

図解 女性差別撤廃条約に関する
国連と日本の動き

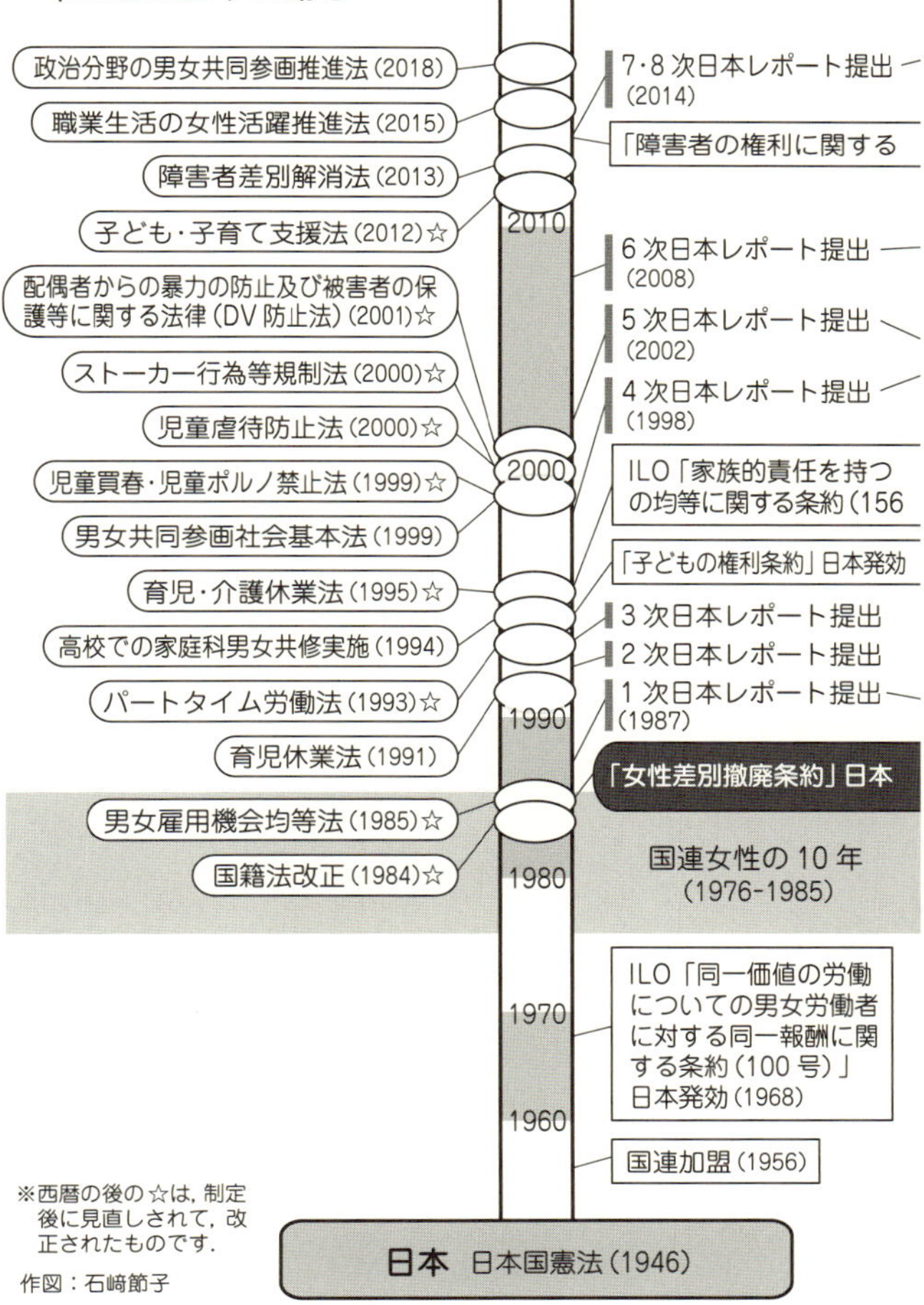

条約実施状況に
政治分野の男女共同参画推進法(2018)
職業生活の女性活躍推進法(2015)
障害者差別解消法(2013)
子ども・子育て支援法(2012)☆
配偶者からの暴力の防止及び被害者の保護等に関する法律(DV防止法)(2001)☆
ストーカー行為等規制法(2000)☆
児童虐待防止法(2000)☆
児童買春・児童ポルノ禁止法(1999)☆
男女共同参画社会基本法(1999)
育児・介護休業法(1995)☆
高校での家庭科男女共修実施(1994)
パートタイム労働法(1993)☆
育児休業法(1991)
男女雇用機会均等法(1985)☆
国籍法改正(1984)☆
2010
2000
1990
1980
1970
1960
7・8次日本レポート提出 (2014)
「障害者の権利に関する
6次日本レポート提出 (2008)
5次日本レポート提出 (2002)
4次日本レポート提出 (1998)
ILO「家族的責任を持つ
の均等に関する条約(156
「子どもの権利条約」日本発効
3次日本レポート提出
2次日本レポート提出
1次日本レポート提出 (1987)
「女性差別撤廃条約」日本
国連女性の10年 (1976-1985)
ILO「同一価値の労働についての男女労働者に対する同一報酬に関する条約(100号)」日本発効(1968)
国連加盟(1956)
日本 日本国憲法(1946)

※西暦の後の☆は，制定後に見直しされて，改正されたものです．

作図：石﨑節子

序章　わたしの権利って何？

日本国憲法との出会い、国際人権法の枠組み

一九四七年五月三日、日本国憲法が効力を発生したとき、私は、小学校三年生でした。社会科の副読本として、文部省（現・文部科学省）のつくった『あたらしい憲法のはなし』で学びました。

「憲法とは、国でいちばん大事な規則、すなわち「最高法規」というもので、国の治めかた、国の仕事のやりかたと、国民のいちばん大事な権利、すなわち「基本的人権」をきめています。また、これからは戦争をけっしてしないという、たいせつなことがきめられています」（三頁）といった主旨のことが書かれていました。

ここに、国家統治が憲法に従って行われなければならないこと、すなわち、立憲主義の原理と基本的人権の尊重、そして、永久平和主義の理念が明らかにされているのです。

さらに『あたらしい憲法のはなし』には、「われわれは、人間である以上はみな同じです。

人間の上に、もっとえらい人間があるはずはなく、人間の下に、もっといやしい人間があるわけはありません。男が女よりもすぐれ、女が男よりもおとっているということもありません。みな同じ人間であるならば、この世に生きてゆくのに、差別を受ける理由はないのです。差別のないことを「平等」といいます。そこで憲法は、自由といっしょに、この平等ということをきめているのです」(二三頁)と述べられていました。

太平洋戦争のさなか、疎開先で国民学校一年生になり、夏休みには、玉音《ぎょくおん》放送を聞いて日本の敗戦を知った私たちにとって、日本国憲法は、あたらしい世をつくる文字通り夢と希望の社会規範でした。この『あたらしい憲法のはなし』で学んだことが、まさに私の生きる原点になりました。

大学の法学部に進学して、国際人権法に巡りあった時、私は目をみはりました。第二次世界大戦中に、ナチスは、自分の国の国民であるユダヤ系の人々をアウシュビッツに送り込んだのです。その時、ドイツの誇る「ワイマール憲法」(一九一九年)は、何の役にも立ちませんでした。つまり、一国の憲法は、国民の人権保障の最後の砦《とりで》にはなりえないことを知った人々は、国連憲章に、「人種、性、言語又は宗教による差別なくすべての者のために人権及び基本的自由を尊重する」(第一条三項)ことを掲げ、国際協力の目的としました。

国際人権法は、個人の人権を、国家を超えて国際組織が保障し、平和の礎にしようというものです。これこそ人類が第二次世界大戦の尊い犠牲の上に獲得した国際基準です。一九四八年には、世界人権宣言が作られ、国際人権の基盤となります。国連では、一九六六年に、国際人権規約を制定した後、保障対象を絞った人権条約づくりが進みます。この本の主題である女性差別撤廃条約もその一環なのです。

国連女性の一〇年と女性差別撤廃条約の制定

国連は、一九四六年に、女性の地位委員会（CSW）を設置して、ここを中心に性差別の撤廃と女性の地位向上に取り組みます。国連総会は、一九五二年に「女性の参政権に関する条約」、一九五七年に「既婚女性の国籍に関する条約」、一九六二年に「婚姻の同意、婚姻の最低年齢及び婚姻の登録に関する条約」、一九六七年には女性差別撤廃宣言を採択しました。

続いて一九七五年を「国際女性年」に設定し、メキシコ・シティで第一回世界女性会議を開催しました。さらに一九七六年から一九八五年までを「国連女性の一〇年」と定め、「平等・開発・平和」を目標に、世界中で女性の地位向上のための取り組みを展開しました。一九八〇年には、コペンハーゲンで第二回世界女性会議が開催され、女性差別撤廃条約の署名式が開催されました。一九八五年には、ナイロビで第三回世界女性会議が開催され、国連女性の一〇年を総括し、ナイロビ将来戦略が全会一致で採択されました。

こうした一連の性差別の撤廃と女性の地位向上の取り組みの、法的な支柱として制定されたのが「女性に対するあらゆる形態の差別の撤廃に関する条約」(女性差別撤廃条約)です。女性の地位委員会で、一九七〇年から議論がはじまり、ついに、一九七九年一二月一八日、第三四回国連総会において、女性差別撤廃条約が一国の反対もなく採択されたのでした。条約はまさに国連女性の一〇年の追い風を受けて、成立したのです(冒頭の図解参照)。

その中心理念は、固定化された男女役割分担観念の変革です。歴史的には「男は仕事、女は家庭」(女性労働は保護の対象でした)から、「男は仕事、女は家庭と仕事」(女性が母性という機能をもつことを前提とした平等論でした)を経て、「男も女も家庭と仕事」(ジェンダー平等論)になったのです。法上の差別ばかりでなく、慣習・慣行の中での差別も撤廃することが求められています。事実上の平等を達成するため、不平等な立場の人を一時的に優先処遇する特別な措置が認められているのも、画期的です。

世界の女性たちの連帯の中で――NGOの役割

一九八五年七月、第三回世界女性会議が、ケニアの首都ナイロビで開催されました。赤道直下のナイロビの灼熱《しゃくねつ》の太陽のもと、肌の色も、話すことばも、ファッションも違う女性たちが、二万人も集い、一〇日間にわたって話し合いが続きました。そのエネルギーの底流には、女性たち同士の連帯感が脈打っていました。この会議に参加した私も、これまで社会の指導的立場に立ってこなかった女性たちがリーダーになることによって、世界を平和に導くことができると確信することができました。

ここでもう一つ大切なのが、NGOの役割です。世界女性会議では、いわゆる政府間会議と並行してNGOフォーラムが開催されます。ナイロビ会議でもNGOにより七六九のワークショップが開催されました。ここでの議論が政府間会議に影響を及ぼすよう政策提言のための集会も開かれました。のちのブトロス・ブトロス＝ガーリ国連事務総長は、国連女性の一〇年が、国連を政府間の議論の場から、市民社会に開かれた討論の場へと変質させたと評しました（参考文献参照）。

この体験が契機となり、一九八七年九月、私たちは女性差別撤廃条約の研究・普及を目的とする「国際女性の地位協会」(Japanese Association of International Women's Rights)を設立しました。一九九五年に北京で開催された第四回世界女性会議NGOフォーラムでは、二つのワークショップを開催し、女性差別撤廃条約に個人通報制度を導入するよう日本政府代表団へ働きかけました。国際女性の地位協会は、一九九八年から国連経済社会理事会の協議資格をもつ団体になり、女性差別撤廃委員会の傍聴《ぼうちょう》に出かけたり、毎年、国連の女性問題に関する委員会（総会第三委員会、女性の地位委員会、女性差別撤廃委員会）の報告会を開いたりしています。

「女性の権利は人権である」

一九九二年一月、ニューヨークで開催されたアメリカのＮＧＯ「国際女性の権利監視協会」（ＩＷＲＡＷ＝International Women's Rights Action Watch）の主催するフォーラムでのエルザ・ストマトポウロウ国連人権センター・ニューヨーク所長（当時）の発言は、その場に居合わせた者たちを震撼《しんかん》させるに十分でした。彼女は、翌年ウィーンで開催される世界人権会議の議題に、「女性の権利」が入っていないといったのです。女性の人権を人権一般の問題として扱うことに、国連内部に反対があり、女性の人権は、女性の地位委員会や女性差別撤廃委員会が扱えばいいという見解があるというのです。

それを聞いたフォーラム参加者は、ただちに行動を起こし、精力的に活動しました。結果的には、一九九三年のウィーン世界人権会議では、「女性の権利を、人権のメインストリームに」

の主張が展開され、「ウィーン宣言および行動計画」には、男性と「女性の平等な地位および女性の人権は、国際連合全体の活動の中心に統合されるべきである」と明記され、「女性に対する暴力の撤廃に関する宣言」の採択を国連に要請することも決まりました。

一九九五年の北京で開催された第四回世界女性会議の焦点は、「女性の人権」と「エンパワーメント」でした。九月五日、颯爽《さっそう》と登場したヒラリー・クリントン米大統領夫人（当時）は、女性は、女児として生まれたときから差別されはじめ、売春、ダウリ（花嫁の持参金制度）、戦時下の暴力に曝《さら》されると述べ、「女性の権利は人権である」（Women's Rights are Human Rights）と結び、満場の喝采《かっさい》を浴びました。北京宣言には、「女性の権利は人権である」という文言が、そのまま盛り込まれました。

北京会議の成果文書である「北京宣言」・「北京行動綱領」は、もっとも充実した内容の行動計画として、その後、継続して女性の地位委員会でフォローアップが行われており、女性差別撤廃委員会も、その実施状況を定期報告に入れるよう各国に要請しています。

国際人権法というと遠い話のように感じられるかもしれませんが、その保障する対象は、私たち一人ひとりの権利なのです。

女性差別撤廃条約と日本の批准

条約は、法的拘束力のある文書です。女性差別撤廃宣言には、法的拘束力がないのですが、女性差別撤廃条約にはそれがあります。そのため、条約の締約国になるには慎重な手続きが必要とされます。

日本は、一九七九年の女性差別撤廃条約の採択に賛成票を投じましたが、それだけで条約が日本に対して効力を発生したのではありません。次に政府が署名という行為をし、将来条約に入ることを内外にアピールします。その後、条約に反する国内法がないかを確かめ、あれば改正するなどの措置をとります。次に、国会の承認を得るのです。最後に、条約に入ることを書いた文書(批准書)を国連事務総長に寄託します。女性差別撤廃条約の場合は、事務総長に寄託してから三〇日目に効力が発生します(第二七条)。

国連総会で条約を採択する時、国連公使として、賛成のボタンを押した赤松良子《あかまつりょうこ》さんは、「あぁ、でも日本はこの条約に入れるだろうか?」と思ったそうです。そのくらい条約の内容と日本の現実には、開きがあったのです。日本の署名に貢献したのは、当時、参議院議員だった市川房枝《いちかわふさえ》さんです。全国的な女性団体等を組織し、超党派の女性議員を説得してプレッシャーグループをつくり、政府に署名を求めました。それが功を奏し、一九八〇年七月一七日、コペンハーゲンで開催された第二回世界女性会議の署名式で、デンマークに赴任していた日本初の女性大使高橋展子《たかはしのぶこ》さんが、日本政府を代表して署名することができたのでした。

さらに批准を前にして、三つの法制度が、条約に合致するよう整えられました。一つは、国籍法を改正して、国際結婚から生まれた子どもが、母親が日本人の場合も日本国籍をとれるようにしました。二つめは、最大の難関でした。雇用の場における男女平等という考え方が日本の労働法にはなかったからです。何とか男女雇用機会均等法を制定してこれをクリアしました。三つめは、高等学校の家庭科で「家庭一般」という科目が女子のみ必修になっていたのを、男女とも選択必修にすることにしました。

批准書の寄託は、折から筑波科学万博のために来日中のデ・クエアル国連事務総長に、安倍晋太郎外務大臣が直接手渡すという形で実現しました。それから三〇日目の一九八五年七月二五日、条約は日本に対して発効しました。ナイロビ世界女性会議の閉幕前日のことでした。森山眞弓首席代表は、与謝野晶子の「山の動く日来る」の一節を引用して、日本の条約批准を披露しました。日本は、七二番目の批准国でした。

条約批准から既に三〇年以上が過ぎました。現在、女性差別撤廃条約の締約国は、一八九カ国にのぼります（二〇一八年四月現在）。いまや世界のほとんどの国々が、条約を批准しています。

しかし、批准はしたものの女性差別撤廃条約という国際基準は、まだまだ日本に根付いているとはいえません。

条約の裁判事例へのかかわり

女性差別撤廃条約が、裁判の和解に役立った事例をご紹介しましょう。二〇〇四年一月六日の朝日新聞は、一面で住友電工訴訟の和解を報じました。女性であることを理由に、昇進や昇格で不当な差別を受けてきた女性たちの八年越しの裁判が、決着したのでした。大阪高等裁判所は、会社には原告二人を昇格させ、五〇〇万円ずつ解決金を支払うこと、国には実質的な性差別による雇用管理をなくす施策を進めることを条件として和解を勧告しました。

裁判長は、和解勧告の冒頭、「国際社会においては、国際連合を中心として、男女平等の実現に向けた取組みが着実に進められており、女性がその性により差別されることなく、その才能及び能力を自己の充足と社会全体のために発展させ、男性と女性が共に力を合わせて社会を発展させていける社会こそが真に求められている平等社会であることは、既に世界の共通認識となっている」と指摘し、「過去の社会意識を前提とする差別の残滓《ざんし》を容認することは社会の進歩に背を向ける結果となることに留意されなければなら」ず、「現在においては、直接的な差別のみならず、間接的な差別に対しても十分な配慮がもとめられている」と述べました。

この画期的な和解勧告の背景には、二〇〇三年の女性差別撤廃委員会による日本レポート審議の際、原告たちがニューヨークへ傍聴に行きロビーイングをしたこと、その結果、委員会の総括所見（当時は、「最終コメント」）で「間接差別の定義を国内法に盛り込み、間接差別に対する認識を、国会議員や裁判官、法曹関係者にキャンペーンすること」が勧告されたことがあることは明らかです。

条約は二一世紀のパスポート

本書は、若いみなさんに二〇世紀からの最高の贈りものをお届けします。女性差別撤廃条約は、固定化された男女役割分担観念の変革（ジェンダー平等）を目ざしており、「男らしさ」、「女らしさ」の呪縛《じゅばく》から人々を解放しようとするものです。女性たちは、長い間社会的弱者だったので、他の人の悩みや痛みを想像することができます。本書では、男女の人権尊重の大切さばかりでなく、性的マイノリティ（少数者）の人権についても、理解を深めていきます。

これから社会にでていくみなさん、あなたがあなたらしく、自信をもって、あなたの人生を豊かに生きていくために、きっと本書はお役に立つと思います。この条約は、共に生きる一人ひとりの人権を大切にして、国内外を問わず力強く生きていくための「二一世紀のパスポート」です。なお「女性差別撤廃条約に関する国連と日本の動き」については、冒頭の図解を参照して下さい。

（山下泰子）

参考文献

赤松良子監修、国際女性の地位協会編『新版　女性の権利――ハンドブック女性差別撤廃条約』岩波ジュニア新書、二〇〇五年

天童睦子『女性・人権・生きること』学文社、二〇一七年

ブトロス・ブトロス＝ガーリ／赤松良子他監訳『国際連合と女性の地位向上 1945－1996』（日本語版）国際女性の地位協会、一九九八年

山下泰子『女性差別撤廃条約の展開』勁草書房、二〇〇七年

コラム1　二一世紀の人権――小さな場所の真実

二〇世紀からの贈りもの

「人権とは、どこからはじまるのでしょう。じつは、家の周囲など、小さな場所からなのです。あまりにも身近すぎて、世界地図などにはのっていません。ご近所、かよっている学校、働いている工場や農場、会社などの個人個人の世界こそ、はじまりの場なのです。そんな場所で、男性、女性、子どもが、差別なく、おなじように、正義、機会の均等、尊厳を求めるべきなのです。これらの権利が、そこで無意味なら、どこにいっても無意味です」(デイビッド・ウィナー／箕浦万里子訳『エリノア・ルーズベルト』偕成社、一九九四年)。

これは、エリノア・ルーズベルトという人の言葉です。第二次世界大戦が終わってから三年目の年に、国連は、すべての人間がもつ人権の尊重を求める世界人権宣言をつくりあげました。この宣言ができたことにより、国境を超えて人権を守る潮流が世界に広がっていくことになります。

いまもその輝きを失わない世界人権宣言は、二〇世紀が二一世紀に手わたしてくれた大切な贈りものです。この宣言は多くの人たちの英知や努力によって生み出されたものですが、とくに大きな力を発揮したのがエリノア・ルーズベルトでした。国連で米国代表を務めた彼女のリーダーシップがなければ、この宣言は誕生しなかったかもしれません。彼女がいうように、人権は身近なところで実現されるものです。世界人権宣言も、どこか遠いところではなく、毎日の生活の中で実現されてはじめて意味あるものになります。

戦争と平和と人権

二〇世紀は戦争と難民にまみれた世紀でした。たびかさなる悲劇を前に、人類は、すべての人間が平和に生きていくにはどうすればよいか思考を重ねていきます。一人ひとりが本当に大切にされる社会を世界に広げていくことで、「戦争と難民の世紀」を「平和と人権の世紀」に変えることを目指したのです。

その成果は二〇世紀の後半にあらわれます。世界人権宣言を手はじめに、人種差別や性差別をなくし、子ども、障害者、少数者たちの尊厳を守る世界共通の基準が次々に作られていきます。そして、そうした基準が守られているかどうかを監視する国際的な仕組みも整備されていきます。女性差別撤廃条約はその中の代表的なものの一つです。

二一世紀の人権保障へ

こうした動きによって、差別のない社会は世界に広がったでしょうか。武力紛争や難民は減ったでしょうか。私たちの生きる二一世紀は、平和な世界になっているでしょうか。残念ながらそうとはいえず、世界はまた新たな課題に直面しています。

二一世紀を生きる私たちは、地球社会の一員として、そうした課題と向きあっていかなくてはなりません。すぐには答えが見つからない難しいものだらけですが、世界人権宣言以来の営みは、人類の長い歴史に照らせば、まだ始まったばかりです。国境を超えて人権を実現する歩みはこれから本格的に刻まれていくのです。これまでは欧米の果たす役割が大きかったのですが、これからは、日本などアジアの人たちや女性、若者、ＮＧＯなどの声がもっと必要になっていくに違いありません。

新たな課題に立ち向かうには新たなアイデアが欠かせません。ただ忘れてならないのは、時代の風景がどう変わろうと、人権を実現する場は身近なところにあるということです。揺るぎない平和は、世界地図にものらない小さな場所で一人ひとりの人間が大切にされなければ実現しません。エリノア・ルーズベルトが伝えてくれたその真実は、二一世紀のいまも変わらずにあります。

（阿部浩己）

参考文献

デイビッド・ウィナー／箕浦万里子訳『エリノア・ルーズベルト』偕成社、一九九四年
阿部浩己『国際人権を生きる』信山社、二〇一四年

1章 ジェンダー平等を求めて――法律・制度を見直す

日本国憲法が施行されて七十余年、日本が女性差別撤廃条約を批准して三十数年、これだけの歳月が経ったのにもかかわらず、日本の法律や制度、社会のあちこちにはまだ、さまざまな女性に対する差別が残っています。

差別的な法律をなくす

では女性差別撤廃条約を批准した国は、何をしなければならないのでしょうか。条約を締結した国（締約国）の基本的な義務を定めているのは、条約第二条です。締約国には、三つの基本的な義務があるとされています。

第一は、女性の権利の「尊重義務」です。これは、国が女性に対する差別となる法律、規則、行政手続、慣習、慣行を維持してはならない、という最も基本的な義務です。国は、法律や規則などに女性に対する差別が残っているのであれば、それを修正しなければなりません。

第二は、女性の権利の「保護義務」です。女性に対する差別は、法律や制度がもたらす場合もありますが、民間企業や民間人による差別や虐待もあります。国は、これらの差別や虐待についても予防し、差別の被害者を救済する義務があります。

第三は、女性の権利の「充足義務」です。女性の権利が守られるためには、権利が法律に定められているだけではなく、実際に女性たちがその権利を行使し、日々の生活が差別を受けない快適なものにならなければなりません。国は、このように権利の実現を確保する義務があります。

以上三つの義務を考えるにあたって、「女性に対する差別をなくしていくこと」とはどのようなことなのかを、もう一度基本に立ち返り考えてみましょう。その際、手助けとなるのが女性差別撤廃委員会(CEDAW)から出されている一般勧告第二八号「締約国の中核的義務」についての見解です。一般勧告とは、条約の解釈を補うための指針を委員会がまとめた文書です。ここで重要な点は、次の二つです。

一つめは、女性に対する差別は、「何かを行うこと」(積極的な作為)によって生じるだけではなく、「何かを行わないこと」(不作為)によっても生じる、という指摘です。例えば、日本の労働裁判の中には、男女の賃金・待遇格差を女性労働者が争った事件において、原告の女性たちが入社したのが男女雇用機会均等法が差別を禁止するよう改正されるより前だったので、差別待遇は憲法の趣旨には反するが法律上の差別ではない、といった判決が見られます。この判決で裁判官は、雇用における男女差別を是正する義務は均等法によって発生したと考えているので、それ以前に生じた差別・格差についてまで使用者(雇い主)に責任を負わせるのは酷《こく》だと判断したのでしょう。しかし女性差別撤廃条約は一九八五年七月に日本で公布され、国内法と同じ効力を持っています。したがって国にも使用者にも、過去に蓄積された差別を是正する義務が生じています。つまり、差別を放置する不作為も条約に違反していることになります。

二つめは、女性に対する差別とならない法律や規則とは、男女に中立なものであるとは限らないという指摘です。表面上は男女に平等な規定であっても、その効果(インパクト)が男女で異なるのであれば、それは「間接差別」として条約が禁止する差別となります。前述の一般勧告第二八号は、表面上だけの中立な措置は構造的・歴史的に不平等な男女間の力関係の認識を欠いているため、社会に存在している不平等を強化する場合がある、と警鐘《けいしょう》を鳴らしています。

その典型的な例が夫婦同姓を定める日本の民法第七五〇条でしょう。法律上は、夫婦は婚姻するにあたり夫または妻の氏を称する、として「夫または妻」という中立的な表現を用いています。しかし、現実には婚姻するカップルの九六%以上は夫の氏を選択しており、「夫婦が同姓を名乗らなければならない」という法律の効果は男女にとって異なった形で表れています。民法第七五〇条の違憲性が争われた、いわゆる夫婦別姓裁判で最高裁大法廷判決(二〇一五年一二月一六日)の多数意見は、この規定は憲法違反ではないと結論づけました。しかしこの判決には五人の裁判官の少数意見があり、特に三名の女性裁判官がそろって、氏の選択には社会的・経済的な男女間の力関係の不平等が影響している、と指摘しています。この大法廷判決は、女性差別撤廃条約の理念に沿って、今後見直しがなされなければなりません。

また一般勧告第二八号は、国の「充足義務」を果たすためには、暫定的《ざんていてき》な特別措置(いわゆるポジティブ・アクション。積極的な差別是正策。条約第四条一項参照)をとって、実質的な、事実上の平等を達成することを国に求めています。女性は長い歴史を通じて、社会的・構造的な差別にさらされてきたので、政治や経済、雇用や教育などの分野で実質的な平等を達成するため、一時的(暫定的)に特別の優遇をする機会を提供しようというのがその意図です。

「地位が人を作る」という言葉があります。良く準備をして能力が備わっている人が地位に就くことは大事ですが、地位を与えられたことにより自覚が生まれ、日々の実践によって潜在的に持っていた能力が高まる、ということも事実です。問題は、これまで女性たちにこのようなチャンスが与えられる機会が少なすぎたことです。特に日本のようにジェンダー平等に関して変化の遅い社会においては、暫定的な特別措置によって女性が意思決定への地位を得られる道筋をつけ、次に続く若い世代の女性たちの「ロールモデル」を育てることは大きな意味があります。すでに世界の一〇〇カ国以上で、政治参画に関して女性の進出を促すジェンダー・クオータ制が実施されています。日本でもようやく、政治の分野における女性の参画をめぐり、政党にクオータ制導入の努力義務を課す法案がNGOと超党派議員の連携により国会に提出され、全会一致で可決成立しました(二〇一八年五月)。

女性差別撤廃条約批准の効果――各国の取り組み、法改正、推進体制の整備

条約を批准した多くの国で、条約の実施をモニターする女性差別撤廃委員会からの勧告に応え、「尊重義務」「保護義務」「充足義務」を果たすための重要な法改正が行われています。

女性に参政権を認めていなかったイラクでは、二〇〇五年に選挙法を改正し女性が政治に参加する権利を獲得しました。条約が最も目に見える形で国内法の改正を促進したのは、国籍の分野ですが、フィジー、ジャマイカ、リヒテンシュタイン、タイ、ブルンジ、インド、スリランカなど多くの国で、国籍の取得・喪失における女性差別が改善されました。日本は条約批准を可能とするため、批准する前に国籍法を改正し、国際結婚から生まれた子どもの国籍につい

て、父親、母親ともに自分の国籍を子どもに与えることができるようになりました。日本国内における男女平等を進めるためのその後の法整備(例えば、男女共同参画社会基本法、一九九九年)も多くが条約に促されて実現したものです。国の憲法体制を大きく変更する際に、条約に沿って包括的な男女平等法制を導入した国としては、ネパール(一九九二年)が例に挙げられます。各地に根強い慣習法・宗教法を乗り越え、新しい家族法を制定した例としては、モロッコ(二〇〇四年)があり、土地の所有に関する男女平等法を制定した例としては、キルギス(二〇〇四年)があります。最近のニュースではサウジアラビアで女性が車の運転免許を取れるようになりました。これも二〇〇八年の女性差別撤廃委員会の勧告に含まれていたものです。

アジアの多くの国でも条約に沿った法改正が進んでいます。韓国では一九九五年に女性発展基本法ができ、家父長制の残滓である戸籍制度もその後廃止されました。タイでは長い間、結婚した妻は夫の姓を名乗るとされ、日本の法務省のホームページにも、かつて(選択的夫婦別姓の検討資料として)タイでは夫婦同姓である旨の記載があったのですが、二〇〇五年の法改正で夫婦同姓を強制する法律はなくなりました。

ところで姓に関しては、フランスが長い間、「嫡出子《ちゃくしゅつし》は父の姓を名乗る」との法律を持っていました。しかし二〇一五年に法律が改正され、父母の協議で父母どちらの姓でも選べるようになり、父母の協議が整わなかったときはアルファベット順で先に来る姓を子どもの姓とする、ということになりました。実はフランスの「子どもの姓」をめぐる問題については、女性グループから女性差別撤廃委員会に個人通報の申し立てがあったのですが、そこでの多数意見は「女性差別ではない」との意見で申し立てを認めませんでした。私自身は委員の一人として、この事案について「これは女性差別である」として、委員会の多数意見が採択された二〇〇九年の夏に、夏休みを返上して少数意見を書いたことがあり、思い入れのある案件でした。ある朝、テレビの衛星放送でフランスのニュース番組を見ていた時、「子どもの姓に関する法律改正が実現した」との報道がありました。ニュースでは女性差別撤廃条約のことには触れていませんでしたが、熱心に委員会に情報提供をしてくれたフランスの女性たちの運動が実ったことを知り、また自分の努力も報われたように思い、非常に嬉しかったものです。

委員会から締約国に条約履行《りこう》を促す勧告(総括所見)を実施する体制も、各国では工夫をこらした試みがなされています。二〇一六年に報告書審査があったカナダでは、かつては世界経済フォーラムのジェンダー・ギャップ指数で常時トップテン入りしていたものが、三五位まで下がってしまったので、これを挽回《ばんかい》したい、と政府もNGOも語っていました。カナダへの総括所見が公表された後、当時女性差別撤廃委員会委員長であった私に対して、カナダ議会から招待状が届き、議会の中の女性の地位委員会で総括所見のポイントを議員に向けて話してほしいという依頼を受けました。残念ながら日程が取れず招待を受けることはできませんでしたが、このような議会の熱意あればこそ、法改正も可能なのだという認識を新たにしました。カナダ議会の女性の地位委員会は常設であり、与野党一〇名の委員で構成され、議会に提出されるあらゆる法案のジェンダー・インパクト(女性、男性その他多様な性に及ぼす影響)を評価する重要な役割を担っています。日本の国会の中にもこのような組織を作ることが必要ですが、ジェンダー平等とは何か、なぜ大切なのかを理解した議員を、国民の一人ひとりが選挙で選んでいくことがまず何よりも重要です。

ジェンダー・ステレオタイプ——性別役割分業を見直す

日本政府が女性差別撤廃委員会に提出した定期報告の過去数回の審議の場で、委員から「日本でジェンダー平等が進まないのはなぜか」と質問されると、日本の政府代表団は、「社会の中に根強く残る性別役割分業意識のためだ」と繰り返し答えてきました。確かにその通りではあるのですが、大事なことは、そのような社会の意識を変えていくことが、条約上の国の義務とされていることです。

ジェンダー・ステレオタイプの撤廃を明確に述べているのが、条約第五条です。この条文は次の二点を明らかにしています。

a．両性のいずれかの劣等性もしくは優越性の観念、男女の定型化された役割に基づく偏見および慣習、慣行を撤廃するために、男性と女性の社会的および文化的な行動様式を修正すること。

b．社会的機能としての母性についての理解、子どもの養育は男女の共同責任であることの認識を、家庭についての教育の中で確保すること。

明治維新（一八六八年）によって近代国家への途を歩み始めた日本は、家父長制（家長である男性に女性より優越した地位・権限を与える制度）に基づいた家制度を民法によって確立しました。結婚は家と家の結びつきであり、女性は婚家に入籍して嫁として跡継ぎを産み、農業などの家の生産活動を支える労働力となることを期待されました。結婚した妻は民法上、契約をする能力がなくなり、家督《かとく》（家の財産）は父から息子へと相続がなされました。このような女性差別を体現する民法が改正されるのは、第二次大戦後、日本国憲法の施行（一九四七年）を待たなければなりませんでした。

私は弁護士として離婚や相続をめぐる多くの事件を手がけましたが、当事者や調停委員、裁判官がまだ「家制度」の影から解放されていないのではないか、と感じることがあります。子どもの親権や監護権を争う事件では、子どもの利益よりも「跡取りだから」といった「家の継承」にこだわる人たちがいます。遺産分割の事件では、同じ親から生まれ育った兄妹であっても、「よそに嫁に行った」娘よりも息子の方に権利があるといった考えを持った人たちがまだいます。介護保険制度があるとは言え、高齢者の介護の相当な部分を身内の女性の無償労働が支えており、実の親だけではなく義理の親の世話もしている女性は少なくありません。

男性が「家長」であり、女性と子どもはそれに従う存在であるという、世の中の固定観念がなかなか変わっていかないのは、それを裏付けるような法律や制度が実際に存在するからです。とりわけ税・社会保障の分野にその例が多く見られます。例えば、一八八七(明治二〇)年に初めて制定された所得税法には、扶養控除《ふようこうじょ》の規定はありましたが、その対象は一八歳未満の子ども、六〇歳以上の高齢者、障害者であり、配偶者《はいぐうしゃ》は含まれていませんでした。しかし、第二次大戦後、妻の「内助の功」を税制面で評価すべきだとの声が政府部内で上がり、一九六一年より配偶者控除が始まりました。その後、一九八七年にはさらに、「主として家事労働を行う配偶者の貢献」に応えるために、配偶者特別控除制度が始まりました。

これらの制度は、明らかに、「夫は外で働き、妻は家を守る」という性別役割分業を念頭に置いたものです。これによって、妻の収入が一〇三万円を超えない限り、妻は所得税を免れ、夫が配偶者控除を受けられるため、パートタイマーで働く女性たちが年度末になると就労時間を短くして「一〇三万円の壁」を超えないようにする現象をもたらしてきました。配偶者控除は女性の社会進出を阻み、男女共同参画社会の進展の見地から望ましくないとして、女性団体から長年にわたり問題提起がなされてきましたが、政府は二〇一七年に配偶者控除の対象を拡大し、廃止とは全く逆の方向で制度が存続することになってしまいました。

同じように年金についても、あからさまな性別役割分業の思想が見られます。国民年金法は、給与所得者(サラリーマン、公務員等)に扶養される配偶者を「第三号被保険者」として国民年金に強制加入させる代わりに、夫が支払う年金保険料に妻の分も含まれているものとして妻からは保険料をとっていません(注：国民年金法は自営業者・学生等を一号被保険者、サラリーマン・公務員等を二号被保険者と呼び、後者によって扶養される配偶者を三号被保険者と呼んでいる)。二〇～五九歳の女性の人口の約三分の一は第三号被保険者であると言われますが、これは独身者や共働きの夫婦に専業主婦の年金保険料を負担させているもので制度の公平さに問題があります。

税や社会保障にまだ女性差別が残っているのは、日本が女性差別撤廃条約の批准を契機として、法制度を女性差別の撤廃という視点から見直すことが十分ではなかったことを示しています。日本国憲法施行の当時には存在しなかった「配偶者控除」や「第三号被保険者の保険料免除」といった制度を、高度経済成長の過程でわざわざ作り、専業主婦の優遇政策が進められてきたのです。

新しい制度を導入する際に、ジェンダー・インパクトの評価を行っていれば、現在のような制度にはならなかったでしょう。また国会や地方議会、行政機関の中に女性が少ないことが、性別役割分業を固定化する制度を一掃できない大きな原因です。国はもっと法律や規則の中身を国民に知らせ、自分たちの権利のためにそれを活用していく意識を涵養《かんよう》していくことが求められています。それは国が、「差別をしない」という消極的な義務を負うのみならず、「過去から続いている差別をなくしていく」という積極的な義務も負っているからです。

（林陽子）

参考文献

林陽子編著『女性差別撤廃条約と私たち』信山社、二〇一一年

＊注記　筆者は、二〇〇八年から国連女性差別撤廃委員会の委員を務め、二〇一五～二〇一六年の二年間は委員長を務めました。

コラム 2　ジェンダーって何？

高校科学部部室での三人の高校生の会話

れい「新しい校長先生の話は、勇気づけられたし、やる気になったね。高校生の頃に「女性は理系に進んでも成功しないよ」って言われてもめげずに頑張ってきたっていうの。大事なのは〝挑戦する心〟なんだね。」

まみ「エマ・ワトソンの国連での「He For She」スピーチの話も良かった。私も小学生の頃、「女子なのに生意気」って言われて、クラブの主将の立候補を男子に譲った時の悔しさを思い出した。」

れい「さすが、わが高校初の女性校長だね。」

れお「ふつうは、リーダーシップといえば男だからな！」

まみ「そういうのが、ジェンダー差別につながるんだよ。父が育児休暇申請した時は、「それじゃ男は出世できないぞ」って上司に言われたし、母が市会議員に立候補した時は「ふつう女は夫をたてるものだ」って批判する人もいたそうよ。」

れい「何を基準に〝ふつう〟って言うのかな？　生徒会は、まりちゃんが会長で、副会長がおさむくんに決まったよね。〝ふつう〟と違うことはいろいろあるよね。」

ジェンダーって何？——「女」や「男」とはどう違うの？

「子どもは母親が主に面倒をみるべき」、「女だから家事は完璧にできなきゃ」といった、「女の役割」や「男の役割」、「女だから」「男だから」当り前とされる行動様式や考え方、規範などによる女性、男性、その他多様な性の区別が「ジェンダー（gender）」で、「社会的・文化的に形成された性別」とも言われます。ジェンダーは、従来「身体的・生物学的性別（セックス、SEX）」と区別されてきましたが、これを含む「性別に関する知識・規範・ルール」として広く捉えられています。

ジェンダーは、社会制度、文化、慣習などに根づいており、家族や学校、友達や地域、メディアなどからも影響を受け、一人ひとりが意識的・無意識的に身につけていきます。ジェンダーの内容は、社会や文化、地域によって異なり、時代によっても変化します。女性差別撤廃条約の中心理念は、ジェンダー差別の撤廃、固定化された男女役割分担観念（ジェンダー・ステレオタイプ）の変革です。

「女だから理系進学は無理」、「女が男に指図して生意気」などと言われて、言いたいことややりたいことを我慢すること、「男だから」育児休暇取得を認められず、子どもたちと過ごす時間が短くなることはどちらもジェンダーに根ざした問題です。「リーダーシップをとるのは男性」という、れおのような「ジェンダー意識」は、気づかないうちに「無意識の偏見」や思い込みとして、性別による差別や決めつける行為につながります。ジェンダーについて考えることは、「女らしさ」「男らしさ」が、女性の生き方や可能性を制限する差別につながってはいないか、男女の価値観を規制し、一人ひとりにとって生きづらい社会を招いてしまっていないか確認することでもあります。それは性別に限らず社会のマイノリティの声に耳を傾けることでもあります。

ジェンダーに基づく差別をなくすために

「ジェンダーに基づく差別」を見えるようにするには、男女の状況を、性別ごとに数値で示すジェンダー統計が有用です。例えば、各国の男女間格差を示すジェンダー統計、グローバル・ジェンダー・ギャップ指数(GGI、二〇一八年)でみると、日本は、世界一四九カ国中一一〇位です。特に政治や経済分野での格差が大きいことが分かります。また教育分野でも、性別格差は小さくありません。ジェンダー統計は、差別を解消するための政策や計画の立案・評価にも役立ちます。女性差別撤廃委員会の総括所見も、女性差別の解消に向けて「ジェンダー統計」の必要性を繰り返し指摘してきました。現在、企業や大学でも統計で実態を把握し、差別解消に向けた動きが少しずつ進んでいます。

イギリスの女優エマ・ワトソンが、二〇一四年に国連総会のスピーチで男性たちに呼びかけました。今こそあなたたちの課題でもあるジェンダー平等を一緒に実現していきましょう、と。ジェンダー平等はマイノリティを含むあらゆる人の人権尊重の基盤です。身近にある女性に対する差別や一人ひとりの生きづらさにつながるジェンダー差別について、まずは話し合うところから始めてみてください。

（渡辺美穂）

参考文献他

加藤秀一『はじめてのジェンダー論』有斐閣、二〇一七年
千田有紀・中西祐子・青山薫『ジェンダー論をつかむ』有斐閣、二〇一三年
国際連合広報センター・ホームページ「エマ・ワトソンUN Women親善大使 国連スピーチ（日本語字幕）」http://www.unic.or.jp/news_press/info/10408/

コラム 3

誰一人取り残さない――国連持続可能な開発目標(ＳＤＧｓ)

ＳＤＧｓとは何か？

日本のＳＤＧｓ(Sustainable Development Goals)推進大使・ピコ太郎のＳＤＧｓプロモーション動画を見ましたか？　私は、ニューヨーク国連本部ビルでのパフォーマンス(二〇一七年七月)を会場で直接見ました。ＳＤＧｓについて、簡単に楽しく理解できます。

「持続可能な開発」とは、一九八七年の国連「環境と開発に関する世界委員会」報告書「Our Common Future」(ブルントラント報告、邦題「地球の未来を守るために」)の中心的なテーマで、報告書は「将来の世代のニーズを満たしつつ、現在の世代のニーズも満足させる開発」という考え方に基づき、環境保全を考慮した節度ある開発が重要と提言しています。ＳＤＧｓは、この開発理念を基盤に、二〇〇一年から二〇一五年まで実施された国連ミレニアム開発目標(ＭＤＧｓ)を引継ぐものです。

ＭＤＧｓは開発途上国が対象でしたが、ＳＤＧｓはすべての国を対象とし、環境、社会、経済の三つの分野に対応する二〇三〇年まで一五年間の包括的な行動計画です。目指しているのは、「あらゆる貧困と飢餓に終止符を打つこと。平和で、公正かつ包括的な社会になること。人権を保護し、ジェンダー平等と女性・少女のエンパワーメントを実現すること。地球と天然資源の永続的な保護が確保されること。包括的で、持続可能な経済成長、共有された繁栄及びディーセント・ワーク(働き甲斐のある人間らしい仕事)のための条件を作り出すこと」です。SDGsでは、一七の目標と一六九のターゲット、二三二の指標が決められました。どの局面でも「誰一人取り残さない」ことを約束しています。

「目標5」は、ジェンダー平等と女性・少女のエンパワーメント

女性の権利の保障はSDGsの根幹です。それには、ジェンダー平等のための法的枠組みがあることと、ジェンダー統計の整備が不可欠です。ジェンダー平等は、目標の一つ(目標5)ですが、一七の目標すべてに関係しているため、ジェンダーの主流化が求められています。目標5には、次の九つのターゲットがあります。①女性・少女へのあらゆる形態の差別を撤廃、②人身取引・性的搾取《さくしゅ》など女性・少女への暴力の排除、③児童婚、若年結婚、強制結婚、女性器切除など女性・少女への有害な慣行の撤廃、④無報酬の育児・介護や家事労働の認識・評価、⑤意思決定への女性の完全かつ効果的な参画、平等なリーダーシップ機会の確保、⑥性と生殖

に関する権利への普遍的アクセス、⑦経済的資源に対する女性の平等権や土地その他の財産・金融サービス・相続・天然資源への所有・管理アクセスを与えるための改革の実施、⑧女性のエンパワーメント推進のためのICTをはじめとする技術使用の強化、⑨あらゆるレベルでの女性・少女のジェンダー平等・エンパワーメント促進のための適正な政策・実効性のある法令の導入・強化です。

日本政府は、二〇一六年に「実施指針」を決定しましたが、世界経済フォーラム「ジェンダー・ギャップ指数」で日本は、世界一四九カ国中一一〇位(二〇一八年)と低く、国内での目標達成は大きな課題です。国際協力面では、日本政府は、二〇一六年、権利の尊重、能力の発揮のための基盤整備、リーダーシップを基本原則とする「女性の活躍推進のための開発戦略」を作成し、SDGsに対応することを表明しています。

どうやって目標を達成するの?

SDGsは全世界を対象としているために、国の発展段階、財政能力の違いを考慮に入れて進めることが合意されています。進捗状況についてのフォローアップ・レビューも定期的に行われます。目指すべき社会を実現するためには、地球市民の私たち一人ひとりが、また民間企業・団体、市民社会組織、政府や自治体等の公的部門も、協力・連携を強化して取り組む必要があります。

（堀内光子）

参考文献他

外務省ホームページ：国連「持続可能な開発のための2030アジェンダ」
http://www.mofa.go.jp/mofaj/gaiko/oda/about/doukou/page23_000779.html

2章 なぜ男女同数の国会なのですか？

政治に関心がある人もない人も、テレビのニュースで国会中継を見たことがあるでしょう。「おじさんばっかり」と思いませんでしたか。この世の中は、男性と女性が半々いる(男性についても女性についても一枚岩的に捉えることができない点については、8章を参照)はずなのに、おかしいと思いませんか。この章では、どうして「おじさんばっかり国会」なのか、それとは違う国会の姿があり得るのか、考えてみたいと思います。

議員を男女同数にする仕組み「パリテ」——フランスの挑戦

二〇一七年の五月、フランスで史上最年少の大統領が誕生しました。三九歳のエマニュエル・マクロン氏です。マクロン氏は新しい政党を立ち上げ、六月の下院議員選挙に臨みました。その時、男女半々の候補者を擁立しました。理由を尋ねられ、「女性は(人口の)五三%の存在ですから」と答えました。マクロン氏の政治を支える内閣も、首相を除いて、男女半々で構成されています。このように政策を決定したり遂行したりする組織を男女半々で構成するという考えを、「パリテ(parité)」といいます。もともとは「同等」を意味するフランス語です。フランスにはパリテを実行するための法律があり、マクロン氏は、この法律に忠実に従ったのです。

女性に対する差別は昔からあり、それが男性優位に構成された現実社会を生み出しました。憲法で保障しただけでは、男女平等は実現されません。人々の無意識のレベルに刷り込まれた性差に関する偏見を取り除くために、男女で「異なる取扱い」(=特別措置)を行うことが必要だと考えられています。女性差別撤廃条約第四条一項は、差別とならない「暫定的特別措置」を取ることを締約国に奨励しています。これは、目的の達成とともに解消されるという意味で、「暫定的」な措置です。

「男性は冷静に判断できるが、女性はすぐ感情的になる」「父親や夫などほかの人の影響を受けやすい」などを理由に、女性は長い間、参政権を得られませんでした。その結果、政治的意思決定の場である議会に女性がかなり少ないという事実が生じました。近年、各国は女性議員を増やすさまざまな工夫に取り組んでいます(コラム④参照)。なかでも、憲法や法律による強制的なクオータ制、つまり女性に対する「議席割当」や「候補者枠割当」に即効性があることが知られています。しかし、女性だからという理由で「女性を優遇するのは逆差別だ」という批判もよく耳にします。このため立法による強制を避け、政党の自発的クオータ制に委ねている国も多くあります。フランスでは、日本とほぼ同時期、一九四四年に女性参政権が実現されましたが、日本と同様に長らく女性議員比率が低迷していました。身近な地方議会から女性議員を増やそうと、一九八二年、候補者リストをもとに投票する地方議会議員選挙を対象に、「候補者名簿は同一の性の候補者を七五％以上含んではならない」という規定を設けて、性別クオータ制を導入する法律が可決されました。

しかしこの試みは実行されませんでした。憲法裁判所の一種である憲法院が、性別クオータ制は憲法違反であると判断したからです。フランス憲法は、伝統的に選挙権・被選挙権は、形式的に平等な市民の資格で行使されるべきだという考え方をとっています。そうすると男女の区別を選挙権・被選挙権の行使に持ち込むことはできません。この国では、性別クオータ制という手法を法律によって強制することが憲法上不可能になりました。一九九七年時点で、同国の下院女性議員比率は一〇・九％、EU諸国の中で最下位から二番目に甘んじていました。

そこで、女性に候補者枠を「割当てる」のではなく、男女半々の候補者を「初期設定」するというアイデアが思いつかれました。男性だけに選挙権があった時代は、候補者は男性のみに「初期設定」されていました。それと同じようにやってみようというわけです。男性にも女性にも「五〇％：五〇％」の機会が平等に保障されるのです。そうはいってもパリテは、「男女の区別」を含みますから、前述の憲法院判決の違憲理由を克服できません。この点をクリアするために、一九九九年七月に憲法が改正され、パリテの導入が決定されました。政治の力で現実を変える方向にかじを切ったのです。

国会あるいは地方議会の議員選挙でパリテを実施するためには、それぞれの選挙制度との突合せが必要です。現在、パリテの手法は三つあります。①厳格型：これは、候補者名簿を対象に投票する選挙で実施され、男女交互になっていない候補者名簿の届出を受理しません。②インセンティブ型：小選挙区制で実施される下院議員選挙が対象で、政党ないし政治団体の候補者の男女の数のひらきがその全体の二％を超えたときに、その比率の一五〇％を、選挙時の得票数に応じて配分される政党助成金から減額するものです。③完全型：県議会議員選挙に導入された男女ペア選挙によるもので、二〇一五年三月の選挙で初めて実施されました。

③の仕組みを簡単に説明しましょう。県議会議員選挙は伝統的に小選挙区制で実施されていました。そこでまず選挙区数を半分にするように区割りを変更し、二人区にして、男女ペアでの立候補を義務づけました。名簿登載は姓のアルファベット順とし、選挙人はこの名簿に対して投票し、男女二人の当選者が決まります。こうして必然的に議会は完全パリテの議会となり

ます。当初、女性候補者の不足が懸念《けねん》されましたが、杞憂《きゆう》でした。先行してパリテが導入されていたコミューン(日本の市町村に相当)議会議員として多くの女性が活躍しており、候補者に事欠くことはなかったのです。

地方議会では、強制力が働いてパリテの効果がすぐに現れましたが、国会についてはなかなか効果が及びませんでした。下院については、有力な大政党が女性候補者を擁立するよりも政党助成金の減額を選択する、女性を立候補させるとしても自党の地盤が弱い選挙区で擁立するというありさまで、女性議員が増えませんでした。しかし、男女半々の候補者を擁立したマクロン氏の政党が大勝したことで、フランス下院の女性議員比率は三八・八％に達し、G7第一位に躍り出ました。

「ありのまま」で女性議員は増えるのか――日本は一九三カ国中一五八位

「フランスはフランス、日本は日本」と思う人もいるかもしれません。フランスがパリテを導入するために憲法改正を行った一九九九年に、日本で制定された男女共同参画社会基本法は、第五条で「男女共同参画社会の形成は、男女が、社会の対等な構成員として、国若しくは地方公共団体における政策又は民間の団体における方針の立案及び決定に共同して参画する機会が

世界の下院女性議員比率(2019年9月1日現在)

順位	国名	女性議員比率	クオータ制
1	ルワンダ	61.3%	□
2	キューバ	53.2	◇
3	ボリビア	53.1	
18	フランス	39.7	◇
32	イタリア	35.7	◆
39	イギリス	32.0	◆
46	ドイツ	30.9	◆
60	カナダ	27.0	◆
72	中　国	24.9	□
78	アメリカ合衆国	23.6	
125	韓　国	16.8	◇(一部)
164	日　本	10.1	

□立法による議席割当制
◇立法による候補者割当制
◆政党の自発的クオータ制

(IPUウェブサイト(http://data.ipu.org/women-ranking?month=9&year=2019)およびInternational IDEA [quotaproject] のウェブサイト(http://www.quotaproject.org)から作成)

確保されることを旨として、行われなければならない」と定めました。

この規定にもかかわらず、二〇一九年九月一日現在、衆議院の女性議員比率が一〇・一%(四七人)、参議院の女性議員比率が二二・九%(五六人)です。列国議会同盟(IPU)の調べでは(二〇一九年九月一日現在)、下院もしくは一院制議会の女性議員比率の世界平均は二四・三%で、日本の衆議院女性議員比率は一九三カ国中一六四位、G7の中で最下位です(表参照)。地方議会の女性議員比率も低迷しています。内閣府『男女共同参画白書』(二〇一九年版)によれば、二〇一八年一二月現在、女性議員比率が最も高いのは特別区で二七・〇%、政令指定都市の市議会が一七・二%、市議会全体は一四・七%、都道府県議会は一〇・一%、町村議会は一〇・一%です。都市部で高く、郡部で低い傾向があります。すべての都道府県議会には女性議員がいますが、三割以上の町村議会ではいまだに女性議員がゼロです。

女性議員が少ないのは、候補者が少ないからです。その要因としては、①家庭責任が女性だけに重くのしかかり、②「政治は男の仕事」という意識が根強く、③家族からの支援が受けにくい、等が指摘されています。選挙に勝つためには、「三バン」、すなわち「地盤・看板・カバン（資金力）」が必要で、この三つを揃えることは、世襲でなければ、女性に限らず新人候補者には難しいことです。加えて地方では女性は「地域」の支援を受けにくいと言われています。なぜなら、立候補しようとする地域は女性にとって「嫁ぎ先」である場合が多く、女性は「よそ者」だからです。

全国フェミニスト議員連盟が二〇一五年に公表したアンケート調査結果によると、女性地方議員一四三人のうち五二％が、「他の議員あるいは職員から性にもとづくいやがらせや不快な言動を受けたことがある」と回答しました。女性議員を対等な同僚と見ない女性蔑視の意識が広範に存在していることを示しています。首尾よく当選したとしても、そのような職場で、押しつぶされそうな圧力を感じながら少数者の女性議員が活動することは、とても困難なことでしょう。こうした高い代償ゆえに、女性は公職の追求を諦めがちになると考えられます。

しかし、議会という意思決定の場に女性の進出を促すことは、女性差別撤廃条約第七条の要請です。第七条は、a「選挙権・被選挙権」のみならず、b「政府の政策の策定および実施に参加する権利」と「政府のすべての段階において公職に就き、公務を遂行する権利」を、男性と平等な条件で女性に保障するよう求めています。男女共同参画社会基本法第五条は、女性差別撤廃条約第七条(b)と同じ考え方に立つものです。この考えは、正義または民主主義の理念に由来するにとどまりません。政治的意思決定の場で女性の関心事が考慮されるためには、選挙権と被選挙権の保障のみでは不十分で、意思決定への男女の平等な参加が必要なのです(北京行動綱領一八一も参照)。

「女性議員が増えればいいことあるの?」と疑問に思う人もいるでしょう。また、女性が議員になりたがらないのであれば、「女性議員比率が低くても仕方がないのでは?」、「女性にも選挙権があって、立候補もできて、その結果なのだから、これが女性の意思だ」と言う人もいるかもしれません。女性議員の存在は、女性のジェンダーに固有の問題、価値観、経験から、主流の政治問題に対処する上で新しい視点等を提供することに貢献すると考えられています(北京行動綱領一八一参照)。とりわけ、差別され従属的地位に置かれたジェンダー固有の問題は、それを理解する共感力を必要とします。もちろん女性であれば誰でもこの共感力をもつわけではありませんが、日本でも、女性議員が超党派で結束し、「DV防止法」を成立させ(二〇〇一年）、その後の法改正に尽力したことが知られています。繰り返しになりますが、女性議員が女性のジェンダーに固有の視点を提供するのは、男女の経験に差があるためで、政治に関する能力に男女の本質的な差があるからではありません。

「もしかしたら……他の生き方が……あるのではと……」

歴史を振り返ると多くの国で長い間、女性がいないところで、男性だけで政治的決定がなされてきました。その間、候補者選定、選挙運動など、選挙過程から政治的決定過程に至るまで「政治ゲーム」のルールや習慣は、男性中心につくられた男性文化の中で決められ、定着していきました。当初から女性が参入していたら、男女の文化が入り混じったルールや習慣が生まれたかもしれません。現実はそうならなかったのです。

「大臣ごっこ」をするカツオ君たちの四コマ漫画を見てください。現実の政治の世界にも、この「大臣ごっこ」に似た「ルール」が今も変わらずにあるのではないでしょうか。女子が感じる「大臣ごっこ」の差別性を男子は感じていません。社会を代弁する先生も「仕方なし」の態度です。この漫画の男子と女子を入れ替えてみましょう。「ルール」のおかしさが際立つのではないでしょうか。「おじさんばっかり国会」が「当たり前」の光景だという思い込みから、

大臣ごっこ（『サザエさん㉕』朝日文庫より）© 長谷川町子美術館

私たちは別の国会の姿が思い浮かばないだけなのかもしれません。

女性参政権獲得運動を描いたイギリス映画『未来を花束にして』（サラ・ガヴロン監督、二〇一五年）のなかに、幼い息子の成長を生きがいに洗濯工場で働く二四歳の主人公モードが、ひょんなことから同僚に代わって下院公聴会で証言を求められるシーンがあります。七歳から働き始めた自分の過酷な生い立ちを語った後、自分にとっての選挙権の意味を問われ、モードは「ないと思っていたので意見もありません」と答えました。ではなぜ公聴会に赴いたのかときかれ、「もしかしたら……他の生き方が……あるのではと……」と答えました。パリテ導入の意味も、この答えにあるように思います。

差別的な制度や慣行を変えるためには、変更の必要性を明確に述べなければなりません。さらに敬意をもってその提案を聞いてもらわなければなりません。全体の一割に満たない新参者が既存の制度や慣行に不都合を感じているとき、それに疑問を持っていない古参者に向かって、再考を促すことは容易でしょうか。これを女性の側の負担で行わなければならないのが、日本の現実です。真剣に聞いてもらえる大きさの声になるほどの女性の数が必要です。

自分とは異なる意見を持つ他者に発言を認め、その発言に対等の同僚の発言として敬意をもって耳を傾け、既存の制度を再考するルールをつくることは、国会のみならず、あらゆるレベルで「私たち」の利益になります。なぜなら家族間での責任の分担から公的な意思決定まで、対等な話し合いのルールが保障されて初めて、既存の制度や慣行により利益を受ける人たちとそれに不都合を感じる人たちとの間に、課題の共通性を認め合った自由な意見交換が可能な対話の場が生まれるからです。

（糠塚康江）

参考文献

辻村みよ子『ポジティヴ・アクション――「法による平等」の技法』岩波新書、二〇一一年
岩波新書編集部編『18歳からの民主主義』岩波新書、二〇一六年

コラム 4

女性議員を増やす具体策

議員のなり手を増やす――女性の政治リーダー養成の3Cとは？

女性議員を増やすためには、なり手が増える必要があります。「女性は政治に興味がない」「政治家になりたい女性がいない」という意見もありますが、政治が男性中心で営まれているために、女性にとっては議員になるという選択肢を想像しにくいのが現実です。そこで海外では、女子高校生や女子大学生などを対象に、候補者養成のプログラムが開発され、なり手を増やす努力がなされています。

プログラムが最も盛んなアメリカでは、大学が正規授業あるいは課外活動としてセミナーを開講し、超党派の民間団体も数時間から一週間程度の多様なプログラムを提供しています。

政治的アイデンティティが形成される高校生から二〇代前半の時期に、「自分もこんな人になってみたい」と思えるようなロールモデルに出会えると、時には人生が大きく変わっていきます。候補者養成プログラムでは、選挙に出たことのある、さまざまなバックグランドを持った女性たちと引き合わせ、自分の将来像を広げられるようにしているのです。

女性の政治リーダー養成の要は、三つのCといえるでしょう。Confidence（自信）、Capacity（能力）、Community（仲間）です。女性は男性と比べて自己評価が低く、自信を持ちにくい環境に置かれているということが分かってきていますので、どのプログラムも女の子たちの自信獲得とエンパワーメント（力をつけること）を目指しています。女性は男性と異なり、名誉欲や権力欲はあまり持たず、政治家になる動機も子どもたちにいい環境を作りたいなど、具体的なことが多いのです。そこで、議員になる動機を掘り下げ、自分なら何ができるのかを突き詰めていくことで、自信を培っていくわけです。

また、議員になるための道筋を具体的に知ることによって、どういう能力を身につけていけばいいのかが分かることも、自信に繫がっていきます。

議員の支え手を増やし、女性たちの支え合う文化を作る

政治は一人でやるものではありませんから、支えてくれる仲間が必要です。男性社会のなかでは、女性は数が少ないために孤立したり、分断させられたりしてしまうことがあります。政治は未だに圧倒的な男性社会だからこそ、女性たちが連携し支え合う文化を作り出していく必要があるのです。

また、女性議員を支える女性たちの層を厚くすることも大切です。女性といっても経験や価値観などは多様です。女性だからというだけで女性議員を支持できるものでもないでしょう。議員というのは私たちの社会の「代表者」なのですから、重要なのは、政治に反映されにくい女性たちの声を聞き取り、政策に繫げてくれる女性議員の存在です。そうした女性議員が市民社会の女性たちと繫がることで、私たちの声は議会に届きやすくなっていきます。そのためにも、支援者や選挙ボランティアとして活動する女性たちが増えることが必要です。

政党の努力が不可欠！――できることは？

女性議員が増えるためには、候補者を擁立する政党が何よりも努力することが不可欠です。女性のなり手や支え手が増えていっても、政党が男性目線で候補者を選び続ける限り、女性たちが本当に支持したいと思える議員は出てきにくいでしょう。

政党ができることとしては、女性を増やそうという党首の意思表示、資金援助や研修などの女性候補者支援、クオータ（割当制）があります。クオータとは候補者や議席の一定比率を女性または男女に割り当てる制度で、政党が自主的に実施したり、罰則を伴う法律として制定したりします。選挙制度との組み合わせと強制力の強さによって効果は異なりますが、既に一三〇カ国で実践され、女性議員を増やすことに貢献してきました。日本でもクオータを導入することで、確実に世界に追いつくことができるのです。

実際、二〇一八年五月一六日に「政治分野における男女共同参画推進法」が全会一致で成立し、基本原則として政党は候補者の男女均等をめざすことになりました。これは日本版パリテ法と言っていいものです（パリテについては2章参照）。この基本原則の下で、政党は自主的に数値目標（クオータ）を設定することが求められています。また、人材育成についても国や地方公共団体が支援していくことになります。同法律の制定は、女性議員の増加とジェンダー平等実現に向けて歴史的に重要な一歩です。

（三浦まり）

参考文献

三浦まり・衛藤幹子編著『ジェンダー・クオータ——世界の女性議員はなぜ増えたのか』明石書店、二〇一四年

3章　進路選択に男女差があるって本当？

みなさんの好きな教科は何ですか？

中学生になると、担任の先生がいろんな教科を教えてくれた小学校までのやり方とは違い、それぞれ教科の先生に教わります。

算数は「数学」となり、数学の先生が登場します。内容もどんどん難しくなるので、苦手だな、と思ってしまった人もいるかもしれません。私の習った数学の先生は、数学好きのあまりか、「数学を勉強すれば、全部の教科を勉強したことになるから、みなさんは数学だけ勉強すればいいんですよ！」などと勝手なことを言っていました。「文章題は国語、内容は理科、ABCを使うから英語、問題が解けたら嬉しくて歌をうたうから音楽の勉強にもなる！」。

高校の時の英語の先生は、ビートルズが大好きで、二〇〇曲以上の歌詞を全部暗記していたので、「大学の英語は、ビートルズの歌詞の組み合わせですべて乗り切った」と嬉しそうでした。ただし、大学の先生に「君の英語は、汚いねえ……」と言われてしまったそうです。「そういう勉強方法もあるのか！」ととても感心しましたが、その方法は採用しませんでした。でも、今でもちょっと後悔しないでもありません。

結局私は、「歴史」や「社会」が一番好きだったので、法学部に進むことにしました。みなさんも、これまで出会った先生や受けてきた授業を思い出しながら、何を勉強しようか、そして、どんな職業に就こうか、考えることがあると思います。

学校って、男女平等なところなの？

自分の勉強したいことを勉強する、そして勉強したことを活かして働く自由が、女性だという理由で制限されている社会が、世界にはたくさんあります。日本も例外はあるものの戦前は、女性は大学に入れませんでした。戦後、日本国憲法のもとで、制度的な差別は廃止されました。現在の日本では、教育については男女平等が実現している、と多くの人が考えています。

でも、日本の学校は、本当に男女平等なところなのでしょうか？

二〇一八年度現在、高等学校等への進学率は、女子九六・五%、男子九六・〇%と、女子の方が少し高くなっています。ところが、大学（学部）への進学率は、女子五〇・一%、男子五六・三%と、男子の方が六・二%高くなっています。二〇年ほど前までは、女子は大学（学部）より短期大学に進学する人が多かったのですが、現在も八・三%が短期大学(本科)へ進学しています。大学(学部)卒業後直ちに大学院へ進学する人の割合も、女子五・八%、男子一四・八%と差があります。大学院における女子学生の割合は全体の三分の一にすぎません。

世界のなかで比べてみましょう。世界経済フォーラムが発表しているジェンダー・ギャップ指数(GGI)によると、二〇一八年、日本の男女平等度は、政治、経済、教育、健康の四分野の指標で、一四九カ国中一一〇位でした。経済一一七位、政治一二五位に比べ、教育は六五位と比較的男女平等なのですが、識字率や初等中等教育在学率は一位なのに、高等教育在学率が一〇三位と、順位を下げる原因となっています。

学校教員の比率にも大きな男女格差があります。女性教員比率は、小学校六二・二%、中学校四三・三%、高等学校三二・一%、大学二四・八%と、教育段階があがるほど低下します。同じ段階のなかでも、女性の校長・副校長・教頭の比率は、小学校二二・九%、中学校九・七%、高等学校八・八%、大学の学長・副学長・教授は、一六・七%です。学校は、日本の他の多くの組織と同じく、圧倒的に男性が上位にいて、決定権をもっている組織です。

学生の専攻分野にも男女で著しい違いがあります。学部学生の女性比率は、薬学・看護学等で六九・五%、人文科学六五・三%、教育五九・二%に対し、工学一五・〇%、理学二七・八%、医学・歯学三五・二％、社会科学三五・三％です。そのため、卒業後の進路や職業が男女で大きく異なります。研究者に占める女性の割合は一六・二％。四〇％台、三〇％台があたりまえのＯＥＣＤ諸国の中で、日本はその少なさが際立っています。大学等の研究本務者のうち、女性は理学で一四・六％、工学一一・一％、農学二二・六％。これでは、理科や数学の先生は男性ばかりになってしまいますね。法学部の教員もほとんど男性ばかりです（国内の数字は、内閣府『男女共同参画白書』二〇一九年版より）。

隠れたカリキュラム

制度的な、目に見える差別が廃止されても、まだ、目に見えない差別が、毎日の学校生活の中で、生徒の考え方や進路選択に影響を与えているのではないか、男らしさ・女らしさの固定観念を植え付けているのではないか、疑問が湧きます。例えば、毎日使うクラス名簿が男女別の場合、男子が先、女子が後が普通です。たまたまなら確率二分の一のはずですが、どの学校でも男子が先となると、「男子ファースト」の固定観念の現れと考えざるを得ません。これは性差別だ、と男女混合名簿を使う学校も増えています。また制服を男女別に定め、男子はズボン、女子はスカートしか選べない学校があります。学校に行くのに、どうして男女で服装を分けなければならないのでしょうか。なんでも性別で分けていては、男らしさ・女らしさの固定観念が、生徒たちのなかでますます強くなる可能性があります。さらにセクシュアル・マイノリティーの生徒についても、考えていく必要があります。

文部科学省は「新体力テスト実施要項（一二歳～一九歳対象）」のテスト項目として、持久走（男子一五〇〇m、女子一〇〇〇m）を定めています。当然のように、体育の時間や校内マラソン大会などで、男子は女子より長距離を走ることがあるのではないでしょうか。でもオリンピックのマラソンは男女同じ距離です。女子は「体力がない」のではなくて、「体力を伸ばしてもらっていない」のではないでしょうか。サッカーや野球などのスポーツを極めたい女子が思う存分やれる環境は、男子のようにはありません。教育を受ける平等な権利には、「スポーツ及び体育に積極的に参加する同一の機会」も含まれます（女性差別撤廃条約第一〇条（g））。

課外活動には性別による固定観念はないでしょうか？　重い荷物を運ぶのは男子、女子マネージャーは洗濯や裁縫、議長は男子、副議長は女子と決めつけていることはありませんか？

教科書や副教材のジェンダー・バイアスも指摘されています。「文豪」や「著名な研究者」、「偉大な芸術家」やいわゆる「常識」として教科書で取り上げられている事柄のなかには、あらゆる領域から女性を排除してきた時代に、男性によって生み出され、評価されてきたにすぎないものもあるので、注意が必要です。教科書の編集者や執筆者にも男女格差があります。教室での生徒・学生に対する男性教員のまなざし、ことばがけが無意識に「男子ファースト」になっているという指摘もあります。自分と似ているものを高く評価してしまう、という評価のバイアスの指摘もあります。進路指導の際に、男子には、下宿しても浪人しても希望の進路を目指すように励まし、女子には、自宅通学の現役合格を勧めることはないでしょうか？

女性差別撤廃条約は、締約国に、「両性いずれかの劣等性若しくは優越性の観念又は男女の定型化された役割に基づく偏見及び慣習その他あらゆる慣行の撤廃を実現するため、男女の社会的及び文化的な行動様式を修正すること」(第五条(a))、「すべての段階及びあらゆる形態の教育における男女の役割についての定型化された概念の撤廃を」、「特に、教材用図書及び指導計画を改訂すること並びに指導方法を調整することにより行うこと」(第一〇条(c))を求めています。みなさんも、学校の当たり前を、一度点検してみてください。

教育の場における性差別

平等と思われていた教育の場の性差別を一九九〇年代以降鋭く告発したのが、大学キャンパスにおけるセクシュアル・ハラスメントや、小中高におけるスクール・セクシュアル・ハラスメントの問題化です。ジェンダーにもとづく性的暴力は、教授に対して学生・大学院生や准教授以下の教員、教員に対して生徒、部活の監督・コーチに対して選手、先輩に対して後輩、多数に対して少数といった力関係のなかで、弱い立場の被害者に沈黙を強いてきました。ハラスメントにあって、勉強に手がつかなくなったり、学校に行かれなくなってしまうこともあります。目指していた職業をあきらめなければならない場合もあります。被害者は男女を問いませんが、日本の学校は男性優位の現状なので、今のところ圧倒的に女性です。ハラスメント相談窓口を設ける大学・学校も増えています。ハラスメントは人権侵害であり、あなたがハラスメントを拒否できることを学校のカリキュラムに組み込んでいくことが必要です。

性のことや生殖に関する権利の学習は大切です。しかし、これまで十分な学習が保障されてきたとは言えません(第7章参照)。そうしたなか、妊娠した女子生徒に退学が指導されることがあります。妊娠・出産は女性だけしか経験しませんから、女子の中途退学が増えることになります。

女性差別撤廃条約は、「出産における女子の役割が差別の根拠となるべきではな」い(前文)ことを明らかにし、締約国に「女子の中途退学率を減少させること及び早期に退学した女子のための計画を策定すること」を求めています(第一〇条(f))。この条文は、世界的には、家計を支えるために働かなければならない女性の教育差別を撤廃しようとするものですが、日本でも、家族生活と教育の両立には、さまざまな障害があります。

こうした女性に対する差別の背景には、女性の役割を家庭内に限定し、女性は学校における「二級」の構成員、男性こそが「一級」の構成員だという固定観念があるといえるでしょう。

教育における性差別撤廃の取り組み――家庭科の男女共修

戦後、日本国憲法で男女平等が定められました。しかし、これで教育における女性差別がすべて撤廃されたわけではありません。むしろ戦後実現した男女同一の教育課程は、逆コースをたどりました。中学校の「技術・家庭」は、一九五〇年代末から男子は「技術」、女子は「家庭」に分けられ、高等学校では一九六〇年代から「家庭一般」が女子のみ必修となりました。

こうした男女別の教育課程は、男女の特性は異なるから、それぞれの特性にあった教育をすべき、という考え方に基づくものでした。しかし、家庭は女性だけで支えられるものではありませんし、家族の形はいろいろです。シングルマザーの家族もあります。その場合も、職場の上司や同僚の男性が「家庭のことは女も男もするものだ」と考えていたら、社会がシングルマザーの子育てを支える仕組みを整えるでしょう。

女性差別撤廃条約は、「家庭及び子の養育における両親の役割に留意し」、また、「子の養育には男女及び社会全体が共に責任を負うことが必要であることを認識し」、「社会及び家庭における男子の伝統的役割を女子の役割とともに変更することが男女の完全な平等の達成に必要であることを認識し」（前文）、締約国に、「家庭についての教育に」、「子の養育及び発育における男女の共同責任についての認識を含めることを確保すること」（第五条（b））を求めています。

男女別履修の家庭科は、女性差別撤廃条約の求める、男女が「同一の教育課程」を享受する機会（第一〇条（b））に違反するため、条約を批准するための国内法整備の一環として、一九八九年、学習指導要領が改訂されて男女共修となりました。

女子校・男子校で学ぶということ

一九四七年三月、日本国憲法施行に先駆けて公布施行された旧教育基本法は、「教育上男女の共学は、認められなければならない」（第五条）と、男女共学を規定しました。戦後、公立学校の共学化はすすみましたが、高等学校については、一部の県でいわゆる伝統校に男女別学が残りました。二〇〇六年に教育基本法が全面改正され、「男女共学」の規定は削除されました。「男女共学の趣旨が広く浸透するとともに、性別による制度的な教育機会の差違もなくなって」

いるから、と説明されましたが、現状からみて疑問です。

女性差別撤廃条約は、締約国に「すべての段階及びあらゆる形態の教育における男女の役割についての定型化された概念の撤廃を、この目的の達成を助長する男女共学その他の種類の教育を奨励することにより」行うことを求めています(第一〇条(c))。

別学校と共学校については、それぞれ長所があり多様な教育の選択肢を保障すべきだ、という意見があります。別学校で学ぶ選択肢はあっていいと思いますが、公立学校については、私立学校とは異なります。

大学にも、国公立の女子大があります。男性の入学を許可しないのは性差別か、問題となります。管理栄養士の資格がとれる公立女子大学に入学を拒否された社会人男性が、憲法違反を訴えて訴訟を起こした例があります。原告が訴えを取り下げたので、裁判所の判断は示されていませんが、こうした訴えは今後も増える可能性があります。国公立女子大学については、性によってこれまで排除されてきた分野にも女性が進むことを促進する教育を行っているか、強い正当化理由が求められます。

教育を受ける平等な権利を求めて

教育の目的は、個人の尊厳の理念にもとづき、人格の完成をめざすことです(憲法第一三条、教育基本法第一条)。個人は、次世代を生み育て、働いて生活を支え、市民として民主主義を支え、学術文化を生み出します。こうした個人を支えるために、生涯にわたる教育が求められます。

女性差別撤廃条約は、締約国に、「家族の健康及び福祉の確保に役立つ特定の教育的情報(家族計画に関する情報及び助言を含む。)を享受する機会」(第一〇条(h))、農村か都市かを問わず「あらゆる種類の教育施設における職業指導、修学の機会及び資格証書の取得のための同一の条件」(第一〇条(a))、「奨学金その他の修学援助を享受する同一の機会」(第一〇条(d))、「男女間に存在する教育上の格差をできる限り早期に減少させることを目的とした継続教育計画を利用する同一の機会」(第一〇条(e))の確保を求めています。

条約が求める差別撤廃のために、日本は男女共同参画社会基本法(一九九九年)を制定し、男女共同参画社会を実現するために国がやるべき施策をまとめた基本計画を定めています。二〇一五年に決定された第四次基本計画では、二〇二〇年までに、自然科学系研究者の採用に占める女性の割合を、現状(二〇一二年)の二五・四%から三〇%に上げる、大学(学部)の理工系の学生に占める女性の割合を、毎年度、前年度以上にする、大学学部段階修了者の男女割合の差を五ポイント縮める、初等中等教育機関の教頭以上に占める女性の割合一五・〇%(二〇一三年)を二〇%以上にする、大学の学長、副学長及び教授の女性割合一四・四%(二〇一四年)を早期に一七%とし、更に二〇%を目指す、などの目標をたてています。

科学技術基本法(一九九五年)にもとづく第五期科学技術基本計画(二〇一六年)では、女性研究者の新規採用割合を自然科学系全体で三〇%にするなどの目標を速やかに達成するべく、女性が研究等とライフイベントとの両立を図るための支援や環境整備、女子中高生やその保護者への科学技術系の進路に対する興味関心や理解を深める取り組みの推進、理工系分野での女性の活躍に関する社会一般からの理解の獲得を促進することを盛り込んでいます。

「女性が理科系なんて……」「女性は理論に弱い」といった固定観念が、生徒、保護者、教員、企業、みんなを縛ってきた結果、女性の進路選択が偏ってきたのではないか、そう考えて、今、中高生を含めた社会全体を巻き込んだ取り組みがはじまっています。女性のロールモデルを示すことや、理科教育を担う女性教員の育成は、女性のエンパワーメントになるでしょう。多様な研究者が多様な視点から関わることで、学術研究が活性化することも期待されます。「研究室に寝泊まりしなければならないから、女性には無理」などと言われてきた研究室のあり方が、女性も加わることで、誰にとっても研究しやすい環境へ変わることも期待されます。

（武田万里子）

参考文献

天野正子他編『ジェンダーと教育』（新編日本のフェミニズム第八巻）岩波書店、二〇〇九年

木村涼子・古久保さくら編著『ジェンダーで考える教育の現在《いま》――フェミニズム教育学をめざして』解放出版社、二〇〇八年

コラム 5

一人の子ども、一人の教師、一冊の本、一本のペン

このタイトルは、二〇一三年七月、ニューヨークの国連本部で行われたマララ・ユスフザイによる演説の中の言葉です。

「女の子に教育を」

マララは、一九九七年七月一二日パキスタンの北部スワートに生まれました。スワートは、反政府武装勢力パキスタン・タリバンが勢力を拡大し悲惨な事件が市民を苦しめていました。勉強することが大好きなマララは、子どもが教育を受ける権利や、女性の人権を認めようとしないパキスタン・タリバンの政策に疑問を抱き反対するようになりました。一一歳のとき、グル・マカイの仮名で、イギリスBBCのブログに、不平等な社会の現状を投稿するなど活発な活動を始めます。タリバンは学校を破壊し、民家を襲撃し、政策に反対する人びとには重罰を科し、多くの人びとを殺傷しました。そして二〇一二年一〇月、マララは下校途中にタリバン兵の標的とされ、銃で頭を撃たれて意識不明の重体となりました。幸いイギリスのバーミンガ

ム病院で高度な治療を受けることができ、一命をとりとめます。

　退院後、「神から授かった新たな命は、人のために捧げたい」と強い信念をもって、「女の子に教育を」と新たな活動を始めます。理不尽な暴力に屈しない強靭《きょうじん》な魂に大勢の人びとが感動し、国際的支援の輪が広がっていきました。マララの活動は高く評価され、「パキスタン平和賞」「国際子ども平和賞」などを受賞し、二〇一四年には、史上最年少でノーベル平和賞を受賞したのです。

国連本部で演説するマララさん.
(UN Photo/Rick Bajornas)

「本とペン」で世界を変える

　二〇一三年、国連はマララの勇気ある活動を讃えて、一六歳の誕生日、七月一二日を「マララの日」としました。これを記念し、マララは国連本部で、教育の重要性と男女平等で平和な社会の実現を訴えるすばらしい演説を行いました。

　その中でマララは、貧困や不平等、教育の機会を奪われて苦しんでいる学校へ行けない子どもたち、何百万人の人びとのために、無償の義務教育を保障するよう世界の指導者と各国政府に呼びかけました。先進国には、開発途上地域における女子の教育機会を増やすための支援を求めています。世界中の若者には、自分の可能性を最大限に発揮し、最も強力な武器である「本とペン」を手にとって自分たちの力を強くすることを訴えています。そして「一人の子ども、一人の教師、一冊の本、一本のペン」が世界を変える、教育こそが唯一の解決策である、と演説を結び大喝采《だいかっさい》を浴びました。

「マララの言葉」の力

この演説は、世界中の同世代の共感を得ました。日本でも、島根県の女子高生が「教育の権利が保障され勉強ができることに感謝しなければ」と新聞に投稿しました。北海道美唄市の三つの中学校では、英語の授業に国連本部でのマララの演説を取り入れました。世界の国々で若い女性たちが立ち上がり積極的な活動を始めています。途上国の政府も、あらゆる子どもが安全で自由に質の高い教育を受ける権利があるとして、その支援策について検討を始めました。

マララの母国パキスタンは、憲法にすべての子どもの教育を受ける権利を明記していますが、貧困などにより学校へ行けない子どもが多く、文字の読めない大人が五〇〇〇万人以上います。そのうち三分の二が女性です。この状況を変えるために、教育制度の改善が進められています。

二〇一七年、マララは、新たな役割を担うことになりました。アントニオ・グテーレス国連事務総長から、最年少で、女子教育を重点とする国連ピース・メッセンジャーに任命されたのです。世界に羽ばたく、マララの新たな活躍が期待されます。

（松本泰子）

参考文献

CNN English Express編『マララ・ユスフザイ国連演説&インタビュー集』朝日出版社、二〇一四年
マララ・ユスフザイ、クリスティーナ・ラム／金原瑞人、西田佳子訳『わたしはマララ』学研、二〇一三年
ヴィヴィアナ・マッツァ／横山千里訳『武器より一冊の本をください——少女マララ・ユスフザイの祈り』金の星社、二〇一三年

4章 企業における女性の働き方は？

結婚退職制は無効と訴えた人

二〇一七年五月六日、ＮＨＫ（Ｅテレ）は、「ＥＴＶ特集 暮らしと憲法① 男女平等は実現したのか」という番組を放映しました。テレビを見ていた私は、花柄のブラウスを着た鈴木節子さんが語る姿に目を奪われました。この方こそ、大企業を相手に、結婚退職制は無効だという初めての裁判を起こした人だからです。

鈴木さんは一九六〇年に入社した後、「結婚又は満三五歳に達したときは退職する」という念書にサインするよう求められ、仕方なく応じました。三年後に結婚して出社すると、自分の机がありませんでした。会社は裁判で、「女子が結婚した場合は家庭本位となり、注意力、本気、正確性が低下する」から、結婚退職は性差別ではなく合理的な制度だ、と主張しました。鈴木さんの代理人・草島万三弁護士は、番組の中で、当時は「女性は職場の花　枯れないうちに活け代えろ」という川柳もあった、と回顧していました。しかし鈴木さんは、この差別に負けませんでした。

東京地裁は、一九六六年一二月二〇日に、結婚退職制は性別を理由とする合理性のない差別待遇であり結婚の自由に対する侵害で無効、という歴史的な判決を出しました。私は、当時、高校三年生で、法学部を目指して受験勉強中でした。新聞一面を飾った「結婚退職制は無効」という記事は大きな励ましになりました。入学後、私が労働法ゼミで初めて報告したのが、この「住友セメント事件判決」でした。鈴木節子さんのお名前は決して忘れません。

この当時の労働法には、性差別を禁止する具体的な規定がありませんでした。そこで東京地裁は、「公の秩序又は善良の風俗」(公序良俗)に反する法律行為は無効、と書いてある民法第九〇条を根拠にして判断したのです。この判決は確かに社会に大きな影響を与えました。しかし、具体的な法律がなかったために、企業の性差別的制度が一掃されたわけではありません。民間企業にはまだ、採用時の性差別が根強く残っていました。大学時代のクラス四五人中わずか四人だった女子学生のうち、民間企業に就職したのは一人だけ、二人は公務員になり、私は大学院に行きました。そんな時代でした。

均等法の制定と改正

女性差別撤廃条約の批准を求める世論の高まりもあり、そのための国内法の整備として、一九八五年に男女雇用機会均等法(均等法)ができ、翌年から施行されました。均等法を巡っては、労働者側と使用者側に大きな攻防がありました。対立の一つは性差別の規制の仕方でした。労働者側は、雇用のすべての場面で罰則つきの「禁止規定」を求め、使用者側は「努力義務規定」にとどめるべきだと主張しました。もう一つの対立は、女性労働者の保護規定の存廃を巡るものでした。当時の労働基準法(労基法)は、女性だけに、時間外・休日労働を制限し、深夜労働を禁止していました。使用者側は、男女平等を主張するならこれらの条文は「廃止」すべきだと言い、労働者側は、女性が実際に働き続けるために保護規定は不可欠で「存続」させるべきだ、と主張しました。双方の対立は根深く、均等法は、両者の「妥協の産物」として、勤労婦人福祉法の改正という形をとって制定されました。福祉のための法律なので、募集、採用、配置、昇進の均等待遇は、使用者の「努力義務」とされたのです。

しかし条約が批准されたのち、女性差別撤廃委員会は、日本政府に対して、繰り返し、均等法をもっと効果的な法にすべきだという意見を述べました。国際社会からのこのような声にも後押しされて、均等法は、一九九七年と二〇〇六年に大きく改正されました。一九九七年には、「福祉法」という性格から脱却して、入社から定年に至るまですべての段階で性差別が禁止され、セクシュアル・ハラスメント防止の配慮義務も規定されました。二〇〇六年には、妊娠・出産を理由とする不利益取扱いが禁止され、募集・採用にあたって身長・体重・体力を要件とするような間接差別を禁止する規定もできました。

こうして均等法は、「醜いアヒルの子」から「白鳥」へと徐々に生まれ変わってきたのです。

同じ「価値」の労働には同じ賃金を

女性差別撤廃条約は、各国に「同一価値労働同一賃金原則」を実施するよう求めています(条約第一一条一項(d))。一九八九年に女性差別撤廃委員会が公表した一般勧告第一三号は、この原則を実施するためには、平等な職務評価制度を研究し、採用する必要がある、と述べています。日本に対しては、「同一価値労働同一賃金原則」を実施して男女間の賃金格差を縮小する努力をするよう要請しています(二〇一六年の総括所見三五項(a))。

一方、日本には、均等法が制定される以前から、賃金の性差別を禁止する労基法第四条がありました。裁判所も、女性だけに低賃金を支払い、女性だけに家族手当を支払わないことは労基法第四条に違反する、という判決を出してきました(秋田相互銀行事件・秋田地裁一九七五年四月一〇日判決、岩手銀行事件・盛岡地裁一九八五年三月二八日判決)。また日本は、一九五一年制定のＩＬＯ（国際労働機関）第一〇〇号条約（同一価値労働同一賃金条約）を、一九六七年にすでに批准しています。それにもかかわらず、女性差別撤廃委員会は、なぜ今でも繰り返し、日本に対して、同一価値労働同一賃金原則の実施は不十分だ、と指摘するのでしょうか。

それは、日本の男女賃金格差が、他の先進国と比べて非常に大きいからです。日本では、男性の賃金を一〇〇とした場合、女性の賃金は七三・三にすぎません（厚生労働省『賃金構造基本統計調査の概況』二〇一八年）。女性差別撤廃委員会は、男女の賃金格差を縮小するためには、男女の「労働の価値」をきちんと評価して、その価値に見合う賃金を支払うべきだと考えています。それを示すのが「同一価値労働同一賃金原則」なのです。一方、労基法第四条は、女性であることを理由とする賃金差別を禁止するだけで、男女の労働の価値を評価する仕組みはありません。「同一「価値」労働」とは、男女の労働が異なっていても同じ価値なら同一賃金を支払いなさい、という要請なのですから、労働の「価値」を客観的に評価する制度が必要なのです。

これまでにも、原告が、研究者など専門家の協力を得て、自分と男性社員の労働が「同一価値」であることを証明し、裁判所に証拠として認めさせて勝訴した、という裁判もありました（例えば、京ガス事件・京都地裁二〇〇一年九月二〇日判決、兼松事件・東京高裁二〇〇八年一月三一日判決など）。しかし、女性差別撤廃委員会の要請を考慮すれば、日本政府は、同一価値労働の証明に必要な労力や時間を原告まかせにせず、労基法第四条に「同一価値労働同一賃金原則」を明記して、裁判になった場合には、職務評価の専門的知識をそなえた公的機関が「同一価値労働」を評価するという新しい仕組みを作るべきでしょう。

女性は活躍できているの？

均等法施行からすでに三十余年が経ちました。少子高齢化が急速に進んでいるのに、女性が活躍できないのは日本社会にとって損失だという理由から、二〇一五年には「職業生活における女性活躍推進法」もできました。この法律は、三〇一人以上の大企業に、女性活躍の状況を改善するための「行動計画」の策定を義務づけています。女性活躍の取り組みが優良と認められた企業は「えるぼし」認定マークを取得し、公的な契約をする時にはそれが加点評価されます。商品や広告、求人票などに、認定マークを活用することもできます。二〇一七年一二月末現在、厚労省は、全国四九九社を「えるぼし」認定しました。

では、法制度が充実したことによって女性活躍は進んだのでしょうか。確かに一九八五年当時と比べれば、女性労働力率の特色であるM字型カーブ（結婚・出産期に低下して、育児が落ち着いた時期に再び上昇する労働力率のこと）は、この三〇年で上方にシフトし、窪《くぼ》みは浅くなりました（図参照）。しかし、三〇年前とあまり変わらない状況もあります。役員・管理職に占める女性割合は、日本は一四・九％で、他国に比べて大きな差があります（アメリカ四〇・七％、スウェーデン三八・六％、ドイツ二九・四％など）。第一子出産前後に退職する女性の割合もまだ四六・九％と、高い比率です（内閣府『男女共同参画白書』二〇一九年版）。

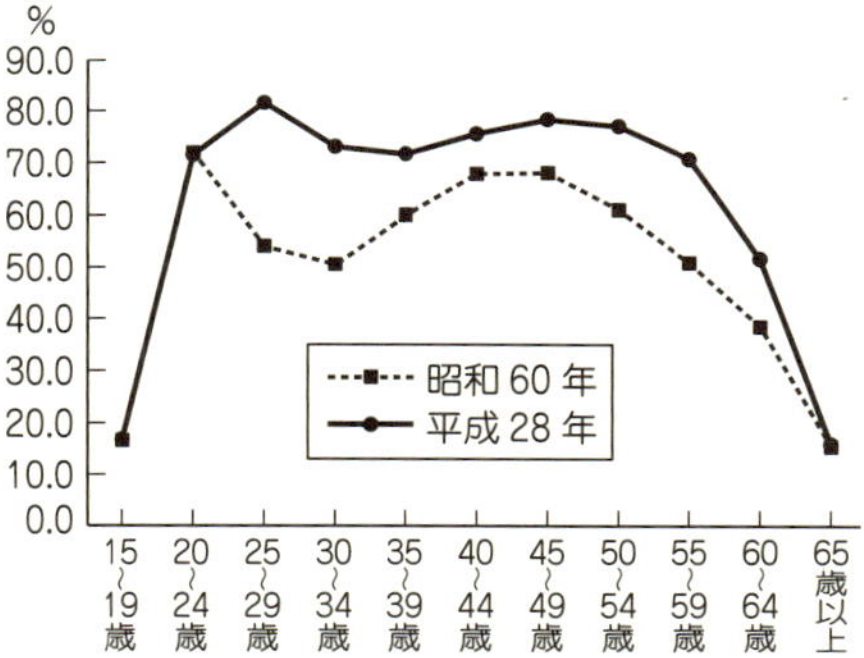

出所：総務省「労働力調査」(1985年)および厚生労働省「働く女性の実情」(2016年版)をもとに作成

女性の年齢階級別労働力率

二〇一六年一月、共同通信社が、大手企業二八社の女性総合職の在籍状況を調べたところ、驚くような結果が明らかになりました。均等法が施行された一九八六年に入社した女性総合職が三〇年後にも在籍している比率は二一％、一九九九年入社では二六％、二〇〇七年入社では五八％だったのです。彼女たちは、社内で「この会社で働きたいなら男にならないとだめだ」と言われ、「男性の三倍以上働かないと同等に評価されなかった」、「実績は同じなのに昇進で男性と差がつく理由を上司に聞くと、養う家族があるからと言われ、やる気をなくした」、「出産するたびに振り出しに戻った」などの証言をしています。

均等法は、働く男女は平等という重要なメッセージを社会に投げかけました。しかし平等は、ときに苛酷《かこく》な結果をもたらします。平等に処遇されるには、女性も、男性と同じかそれ以上の働きをしていると評価される必要があるからです。総合職の女性は、同期入社の総合職男性と同等に働いていると認められるために、悲惨な過労自死までも経験するようになりました。働き過ぎて精神疾患《しっかん》になり、それがもとで過労自死に至るケースは、職場に慣れていない若い人に起きやすいことです。平等は大切ですが、「過労死する平等」など、願い下げにしたいものです。女性たちが企業の中で本当に活躍するには、男性も含めて「人間らしい働き方」が保障されていなければなりません。

長時間労働の是正

女性が本当に活躍するために重要なことを、最後に二つとりあげます。一つめは、長時間労働の是正です。日本の男性が家事・育児にかける時間は、一日にたった一時間二三分です（総務省『社会生活基本調査』二〇一六年）。共働き世帯でも、女性たちが大半の家事・育児を一手に引き受けているのです。一方、長時間労働は男性に集中しています。週六〇時間以上働く人がもっとも多いのは、三〇歳代の男性です。育児に必要とされている男性ほど長時間労働をしているという実態があります。

では、長時間労働を是正するにはどうしたらよいのでしょうか。日本の法律は「週労働時間は四〇時間」と定めています(労基法第三二条)。しかし、企業と労働者の過半数代表が「協定」を結び、それを役所に届け出れば、使用者は労働者に時間外労働をさせてもよいことになっています。日本の「週四〇時間」とは、これを超えると時間外手当を払わなければならない時間にすぎません。それに比べてEU諸国は「週労働時間は四八時間」と規定しています。こちらは、これ以上労働させてはならない物理的な上限時間です。どちらが厳しい規制かわかりますね。日本でも、時間外労働手当を払えばよいということではなく、労働時間の上限そのものを法律で定める必要があります。

ハラスメントの防止・救済

女性が活躍するために重要とされる二つめは、職場からハラスメントをなくすことです。ハラスメントとは、他者に対する敵対的・屈辱的・攻撃的な言動のことを言います。職場の上司などが加害者になりやすいのですが、同僚同士の間でも生じます。その形態によって、「セクシュアル・ハラスメント(セクハラ)」(許されない性的な言動)、「パワー・ハラスメント(パワハラ)」(職権などを背景に人格や尊厳を侵害する言動)、「マタニティ・ハラスメント(マタハラ)」(妊娠・出産などを契機とする人格や尊厳を侵害する言動)などと呼ばれています。

一九八九年に公表された女性差別撤廃委員会の一般勧告第一二号は、日常生活におけるあらゆる種類の暴力にはセクハラも含まれるとして、その根絶・防止の重要性を指摘し、一九九二年に公表された一般勧告第一九号でも、セクハラが性差別であることを詳しく述べています。委員会は、日本に対して、「職場におけるセクハラを抑止するために、禁止と制裁を定める法規定を設ける」よう求めています(二〇一六年の総括所見三五項(c))。

一方、日本の均等法は、セクハラに関する事業主の「措置義務」を規定しています(均等法第一一条一項)。つまり事業主は、セクハラをめぐる方針の明確化や相談体制の整備、セクハラへの適切な対応その他の措置を講じなければなりません。もし事業主がこの条文に違反すれば、行政指導がなされ、場合によっては「企業名公表」という制裁がとられます。マタハラについても、「妊娠・出産等」に関し就業環境を悪化させない「措置義務」(均等法第一一条の二)や、「育児・介護」に関し就業環境を悪化させない「措置義務」(育児・介護休業法第二五条)規定があります。これらの規定があってもなお、委員会が指摘するように、日本はセクハラの「禁止と制裁」をさらに規定する必要があるのでしょうか。

女性差別撤廃委員会は「措置義務」では不十分だと評価しています。なぜなら措置義務は、職場のセクハラを直接的に禁止する規定ではなく、事業主に「これらの措置をとりなさい」と命ずるだけで、セクハラが発生したあとに被害者が本当に救済されたのか、加害者が本当に制裁を受けたのか、ということまでは関与しません。現行の仕組みでは、セクハラ被害者が、加害者や使用者の責任を追及する裁判を自ら提起しなければならないのです。だからこそ、委員会が要請するように、職場のセクハラやマタハラを明確に禁止して、加害者に対する懲戒を使用者に義務づけるよう、均等法を改正することが望まれます。

これからも女性差別撤廃条約の考え方に学びながら、女性が本当に活躍できる「人間らしい働き方」を求めて、日本の社会を変えていきたいものです。

（浅倉むつ子）

参考文献

日本弁護士連合会『女性と労働』旬報社、二〇一七年
浜村彰・唐津博・青野覚・奥田香子『ベーシック労働法』(第六版補訂版)有斐閣、二〇一六年
小島妙子『職場のセクハラ』信山社、二〇〇八年

コラム 6

アンペイドワークって何ですか？

女子高生の由香さんは、夏休みの課題のボランティア活動として、地域の女性センターに行き、専門員の榊原さんとお話をしながら、資料の整理を手伝っていました。

由香「いとこのお姉さんが結婚して子どもが生まれたのだけど、育児ストレスで疲れ切っているみたいなんです。結婚していても彼の帰りは遅くて「毎日が母子家庭状態だわ……」って言ってました。」

榊原「それって「ワンオペ育児」ね。牛丼店の店員が一人で接客、料理、レジまでこなすワンオペ(ワンオペレーション)をもじったことばで、今大流行よ。六歳未満の子をもつ夫婦の一日の家事関連時間(家事・育児・介護など)は、妻が七時間三四分で夫はたった一時間二三分。ちなみにアメリカでは、夫の家事関連時間は三時間二五分(二〇一六年)なのに。日本では、共働き夫婦と妻が専業主婦の場合を比べた時、夫の家事関連時間がそれぞれ四六分、五〇分とあまり変わらないのは驚きね(総務省『社会生活基本調査』二〇一六年)。」

榊原さんはそう説明し、作業の手を休めることなくこんな話を続けました。

家庭での家事・育児や介護、ボランティアなどは「アンペイドワーク(無償労働・無報酬労働)」と言われていること。また、アンペイドワークが圧倒的に女性にかたより不平等だとして、国連の第四回世界女性会議(北京会議、一九九五年)で大きな課題として取り上げられた結果、アンペイドワークを目に見えるように、時間利用調査をして仕事量を「測定」「評価」して、男女平等政策に反映するよう北京行動綱領で各国に要請したこと。日本でも政府がアンペイドワークの貨幣評価を実施するようになり、内閣府「無償労働の貨幣評価」(二〇一八年)によると二〇一六年のアンペイドワークの貨幣評価(機会費用法)は、GDPの二六・六％、一四三兆円にもなり、育児・介護を含む家事活動の八割を女性が担っていることがわかったことなど。

由香「それって、女性たちが一〇〇兆円以上もタダ働きしているっていうことですか?!」

榊原「まあ、そういうことね。だから、時間利用調査などで目に見えてきた家事・育児・介護などのアンペイドワークを、家電や情報機器などの技術向上による効率化で「削減」したり、家庭での家事・育児などを男女で「平等」に担うことや、保育所や介護サービスを充実させ

「社会」で担うなどして、女性の肩にのしかかるアンペイドワークを減らそうとしているの。だけどね……。」

由香「そういえば、わが家はお掃除ロボットが手伝ってくれるようになったわ！　でも、そう簡単にいかないことがあるのですか？」

榊原「アンペイドワークは、人間が生きていくうえでは欠かせない大切な労働よね。今は夫婦共働きの家庭の方が多い時代だから、まずは、家事・育児を平等に分担するために、夫も妻も早く帰れるように一日の労働時間を規制して、人間らしい暮らしができるようにならないとね。特に日本の男性の長時間労働は世界でも有名で、「過労死」という単語は世界共通語になっているのよ。男性の働き方や意識をしっかり見直さなければ。

それから家事・育児などのアンペイドワークは主に女性がしてきたために低く評価され、その延長のように見られている保育士や介護士などの仕事は、賃金が低く抑えられているの。そうした仕事の賃金や労働条件を良くしていくことも重要だと思うわ。女性が多い図書館司書の仕事と男性が多い消防士の仕事の賃金格差の問題が議論されたりしたけど、違う職種でも労働の価値が同等なら同じ水準の賃金を払うという政策が必要ね。」

由香さんは、作業をしながら榊原さんの意見にじっくり耳を傾け、日々の生活のなかでお母さんがやっているアンペイドワークを、改めて一つ一つ思い起こしていました。

（加藤登紀子）

参考文献
藤田結子『ワンオペ育児――わかってほしい休めない日常』毎日新聞出版、二〇一七年
竹信三恵子『家事労働ハラスメント――生きづらさの根にあるもの』岩波新書、二〇一三年
佐光紀子『「家事のしすぎ」が日本を滅ぼす』光文社新書、二〇一七年

コラム 7

貧困と差別

「絶対的貧困」と「相対的貧困」

「貧困」というと、途上国での、食べ物も住む所もない、子どもが学校に行けない、という

ような状況を思い浮かべますか。貧困の定義で、このように人として最低限の生存条件を欠くことを「絶対的貧困」といいます。他方、現在日本で問題になっている「相対的貧困」は、その国の生活水準で、暮しを営むことができない状況をいいます。

そうした世帯を支援するフードバンクという活動があります。寄付を受けた食品などを、「貧困」家庭に配布するのです。

日本では、フードバンクが支援している世帯はシングルマザー等が多いですが、他の先進国でも同じような問題があります。たとえば、イギリスの名匠ケン・ローチ監督の映画『わたしは、ダニエル・ブレイク』(日本では、二〇一七年劇場公開)に描かれているシングルマザーのケイティは、仕事もなく、日ごろ、自分の分の食事のほとんどを二人の子どもたちに分け与えているので、極度の空腹状態です。ダニエルと援助団体の助けで、フードバンクに行くと棚にある缶詰をいきなり開けて、そのまま手づかみで食べ始めます。これは極端な例かもしれませんが、実情を反映しているエピソードだといえます。

子どもの貧困

日本では、高校への進学率が九〇%を越えていますが、経済的な理由により高校に進学できない子どもは、貧困であるといえます。これも先にのべた「相対的貧困」の一つです。高校や大学に進学できないと、将来の就職や職業選択が不利になります。

山口一男シカゴ大学教授の研究調査(参考文献参照)によると、日本企業の中で男女労働者の賃金格差は、大卒女性より高卒女性のほうが大きく、不利益が大きいとのことです。日本社会の中で、企業に就職して働く場合、大学を卒業することは「貧困」から抜け出すための一つの手段となります。高校中退は中卒、大学中退は高卒扱いになってしまいます。大学等に進学して、高等教育・専門教育を受けることは、現在の日本でこそ、貧困による差別をなくし、女性の未来を開く鍵となるのです。

正規雇用と非正規雇用

日本では、小泉政権時(二〇〇一～二〇〇六年)に「構造改革」が叫ばれたときに、企業は雇用の自由化と称して、非正規雇用を増やしました。その後も、非正規雇用は増加しています。非正規雇用は、雇用形態、賃金、社会保障(健康保険や年金)等、正規雇用に比べ条件が不安定です。日本では、女性労働者の五割以上が非正規雇用です。一例を挙げると、図書館司書という職業は、公立図書館の民間委託の影響により非正規雇用が増え、一部を除いて、低賃金の職となってしまいました。
一方、正規雇用では長時間労働が当たり前となり、過労死や、過労うつからの過労自殺をひきおこしていることは、メディア等での報道にあるとおりです。非正規雇用の増加が、日本の貧困と差別の大きな原因になっていることは明らかです。とりわけ女性差別の大きな要因となっていることに真剣なまなざしを向け、この問題に多方面から取り組む必要があります。

（堀口悦子）

参考文献

阿部彩『子どもの貧困――日本の不公平を考える』岩波新書、二〇〇八年
阿部彩『子どもの貧困Ⅱ――解決策を考える』岩波新書、二〇一四年
飯島裕子『ルポ　貧困女子』岩波新書、二〇一六年
山口一男『働き方の男女不平等――理論と実証分析』日本経済新聞出版社、二〇一七年

5章 家族の内と外──女と男の力関係は？

どうして結婚のことを入籍するって言うの？

芸能人の結婚を報道するニュースの中で、「本日、私たちは入籍しました」という直筆のファックスが届いたなどと言うのを聞くことがありますよね。どうして結婚のことを入籍するって言うのでしょう？　日本では、結婚が戸籍という制度と深く結びついているからです。

婚姻届を役所に出すと、二人はそれまでの親の戸籍から出て、夫か妻のどちらかの姓で新しく作った戸籍に入ります。その時に、夫の姓の戸籍を作って夫が戸籍の筆頭者(戸籍の代表のようなものです)となり、妻は夫の姓に変わり夫の戸籍に入ることが多いのです。結婚のことを「入籍」という言い方をすることがあるのは、このことと関係があります。

夫婦別姓をめぐる議論

ところで、みなさんは、自分の名前が将来変わるかも……と考えてみたことがありますか。

子どもの頃、好きな子ができたときに、自分の名前をその子の姓につなげてみた経験があるかもしれません。女の子だと、無意識のうちに、どこかで、結婚したら自分の姓が変わると思っていたりしませんでしたか。日本では、民法という法律で、結婚した夫婦は同じ姓を名乗らなくてはいけないと決められています（第七五〇条）。でも、法律で決まっているのは、夫婦は結婚の時に妻か夫かどちらの姓にするかを決めて名乗る、ということだけなのです。妻が夫の姓を名乗ると決まっている訳ではありません。それなのに、なぜ、なんとなく、結婚したら妻が夫の姓を名乗るものと思ってしまうのでしょうか。みなさんの現在の姓は、父親と母親のどちらの結婚前の姓でしょうか。おそらく、父親の姓があなたの姓になった場合が多いと思います。統計もこのことを裏付けています。厚生労働省の調査（『婚姻に関する統計』二〇一六年度）によると、二〇一五年に結婚した夫婦の実に九六％が、夫の姓を選択しているのです。

日本では当たり前のように思われているこの制度、実は、世界では珍しい制度なのです。夫婦が同じ姓を名乗らなくてはいけない、それはつまり必ず夫婦のどちらか一方が結婚と同時に出生時から使ってきた自分の姓を変えなくてはいけないということになります。問題なのは、統計が示しているとおり、結婚で姓を変えることになるのは、圧倒的に女性だということです。妻が夫の姓を名乗るのが当たり前という社会では、みんな、当然のように、結婚する時は女性が姓を変えるものと思っていても、その中で、本当は姓を変えたくないと思っていても、結婚相手にそのことを言い出せない、あるいは、結婚相手はわかってくれたとしても、その親にどう思われるだろうかと心配になる。結局、波風を立てないためには、女性が姓を変えることを受け入れるということが起きてしまいます。

このように、法律の内容自体は女性を差別しているように見えなくても、社会にある女性はこうあるべきという慣習の下で結果的に権利を守られない状況が女性に対して起きる場合、女性差別撤廃条約では、女性への差別であるととらえます。条約の第一六条は、婚姻及び家族関係において、夫と妻の同一の個人的権利として、姓を選択する権利について女性差別をなくすことを国の義務としています。このため、この条約を批准した国が条約を国内できちんと実施しているかどうかを定期的に審査する女性差別撤廃委員会は、この法律は女性に対する差別的な規定であるとして、法律を改正し、結婚後も元の姓を使い続けることを選択できるようにと何度も日本に対し勧告しています。

生まれた時から使い続けてきた姓を変えたくないと思っている人にとっては、結婚によって自らのアイデンティティに関わる大事な姓を失うことは、とてもつらいことです。また、姓を変えると、仕事や職場、社会生活のさまざまな場面で不便や不都合が生じます。結婚後も夫婦のそれぞれが今までの姓を使い続けることが法律で認められないと、そのしわ寄せは女性だけに偏る現状が続いてしまいます。実際、日本の女性、特に若い女性の間で、結婚後もそれまでの姓を使い続けることができるように、法律を変えてほしいという声が高まっています。しかし「両親と子どもたち全員が同じ姓を名乗ることが家族の絆のために必要だ」、「夫婦が違う姓を名乗ることになると子どもが両親のどちらの姓を名乗るかという難しい問題が起こる」、「家族の一体感が損なわれる」といった理由で法律の改正に反対する意見が根強くあり、未だに法律の改正はなされていません。夫婦の別姓が認められていない現状の中で、職場や公的書類での旧姓の通称使用の拡大に向けた取り組みが進んでいますが、通称使用を認めるかは会社の判断に委ねられているなどの限界もあり、真の解決にはなっていません。

国際結婚したら子どもの国籍はどうなるの?

最近、スポーツ選手の中に、氏名がカタカナの人たちを見かけます。これらの選手がオリンピックや世界大会に日本代表として出場しているということは、日本国籍をもっているということです。そもそも、国際結婚したら生まれた子どもの国籍はどうやって決まるのでしょう。生まれた子どもがどの国の国籍になるかは、各国の法律で決まっています。例えばアメリカでは、生地主義（出生地主義）といって、親の国籍がどの国であっても、アメリカで生まれた子どもは必ずアメリカ国籍になります。他方、日本の法律では、血統主義といって、日本人から生まれた子どもは日本国籍になると決められています。でも以前は、父親が日本人の場合は、母親が外国人でも子どもは日本国籍になるのに、母親が日本人でも父親が外国人だと、その両親から生まれた子どもは、日本国籍になれなかったのです。日本人の親が男女のどちらかで子どもが日本国籍になれるかどうかに違いがあるのは、おかしくないでしょうか。

実際、この制度は、女性差別撤廃条約第九条に定められた自分の子どもの国籍についての男女平等の権利が守られていないことになるため、日本は、女性差別撤廃条約を批准するのに先立ち、一九八四年に国籍法を改正して、国際結婚の場合、父親が日本人でも母親が日本人でも、子どもは日本国籍を取得できることにしました。

結婚したら女性は家に入るの？

一九七五年に、テレビで放送されたラーメンのコマーシャルの中の「私作る人、僕食べる人」というキャッチフレーズが、女性団体から、男女の役割分担を固定化してしまうとして抗議を受け、コマーシャルが中止となる出来事がありました。女性差別撤廃条約第五条は、男女の性別役割分業意識を変えていくことを国に義務づけています。しかし、日本が条約を批准してから三〇年以上経つ今も、日本では、家事は妻がやるのが当たり前という意識が根強く残っています。内閣府が行っている「夫は外で働き、妻は家庭を守るべきである」という考え方に対する調査(『男女共同参画社会に関する世論調査』二〇一六年)では、賛成(「賛成」と「どちらかといえば賛成」の合計)が四〇・六%、反対(「反対」と「どちらかといえば反対」の合計)が五四・三%と反対が上回り、賛成の割合は同じ質問についての調査を始めてから過去最少となりました。しかし、それでも依然として四割もの人が、このような考え方に賛成しているのが現状です。

こうした根強い性別役割分業意識が、今なお職場や家庭にも残っているために、女性が結婚や出産後も働き続けることを難しくしています。このことは、厚労省の委託調査(『仕事と家庭の両立支援に関する実態把握のための調査研究事業報告書』二〇一五年度)で、妊娠・出産を機に退職した理由を聞いた結果をみても、女性・正社員で二九・〇%、女性・非正社員で四一・二%が、「家事・育児に専念するため、自発的にやめた」と答えており、また女性・正社員で二五・二%、女性・非正社員で一七・一%が、「仕事を続けたかったが、仕事と育児の両立の難しさでやめた」と答えていることからもわかります。

家庭内の男女の経済的格差は女性を不利な立場に置く

夫の中には、家事や育児に専念したり、パートタイムなど少ない収入で働いている妻に対して、自分が養ってやるのだという意識を持ったり、支配的な態度をとる人がいます。一方、妻は、夫からドメスティック・バイオレンスを受けているような場合でも、経済的に夫に依存しているために、夫の暴力から逃れて別居することが困難だったり、離婚後の生活についての経済的な不安から、離婚を躊躇《ちゅうちょ》することになったりします。

実際、夫婦が離婚した場合、特に仕事を辞めている女性は圧倒的に不利な立場に置かれることが少なくありません。夫は外で働き、給与や、地位が上がったりしている一方、妻は、結婚や出産で仕事を辞めてしまうと、ブランクができ、離婚後もう一度働こうと思っても、学歴や能力に見合った以前と同じような仕事にはなかなか就くことができません。しかも、離婚する時に、夫婦で築いた財産があれば、原則として二分の一を分けるよう要求できますが、実際には、分けられる財産がなかったり、自宅は夫名義でローンも残っていて、妻が自宅をもらっても離婚後も住み続けたいと思っても難しいといったこともよくあります。家庭内での性別役割分業が夫婦の経済的格差を生み、離婚となれば、さらに女性が不利で困難な状況に置かれることにつながります。

農山漁村で働く女性

女性が家事や育児を担ってもその経済的価値が評価されないこと自体問題ですが、妻が家業の農業や漁業等に従事している場合、家事や育児の負担が妻により重くなっていたり、実際に働いているにもかかわらず、給与や報酬が支払われないといった、さらに深刻な差別を受けることがあります。この点、女性差別撤廃条約第一四条は、農山漁村の女性に対する差別の撤廃について定めており、女性差別撤廃委員会は、「農村女性の権利」に関する一般勧告第三四号を採択しました(二〇一五年)。日本でも、伝統的に家族経営が中心であった農業を担う農家の妻は、家族経営の枠組みと農業における男性中心の慣習の中で、女性差別を受けている現状があります。

日本では、農業就業人口の約半数が女性で、農家の約七割を占める兼業農家では、農業の担い手は妻という場合が少なくありません。その中で、女性は、農作業も家事・育児もすべてこなすことが当然視されてきました。少し古い統計ですが、二〇〇三年に農林水産省が発表した調査(『女性の就業構造・経営参画状況調査』)によれば、女性農業就業者の農作業時間は農繁期《のうはんき》で一日一〇・〇時間、配偶者(夫)は一一・四時間と大差ないのに対して、家事・育児・介護の時間は女性が二・七時間に対し、配偶者は六分と歴然たる差があります。一般的な共働き夫婦の家事・育児・介護分担の格差よりも、女性農業者にはさらに大きな負担がのしかかっている傾向が顕著に見られます。二〇一三年に発表された農林水産省の報告書（『女性農業者の活躍促進に関する調査事業報告書』）でも、女性農業者が直面している生活上の課題についての質問に、「農業と家事・育児との両立」という回答が三五・五％と最も高くなっています。

さらに、女性農業者が直面する課題として、働いたことに対する対価が支払われない、農業経営者は圧倒的に男性が占めているという問題があります。二〇一五年の調査（農林水産省『農林業センサス』）では、男性が農業経営者である農家は九三・三％なのに対し、女性が経営者である農家は六・七％しかありませんでした。そこで、最近では、農業に従事する女性の労働者としての権利を守り、経営への参画を確保・推進するために、家族経営協定といって、労働報酬や労働時間・休日、経営方針、役割分担等を文書で決めておく取り組みが進められています。また、二〇一五年時点では、約七％しかいない農業委員会の委員や農業協同組合の役員に占める女性を増やし、女性が地域農業に関する政策・方針決定過程に参加し発言力を増すための取り組みも進められています。

家族生活における女性差別をなくすことはとても重要

家族の中では、従来から、女性が家事や育児、介護を担うのが当然だと考えられたり、夫から妻に対する家庭内での暴力があっても、法律や国が介入すべきではないとして、女性が暴力から守られないなど、家族・家庭の中で起きる女性差別は、なかなかなくならず、これに対する国際社会の取り組みも十分ではありませんでした。

女性差別撤廃条約は、このような女性に対する差別の撤廃を実現するために、家族関係や家庭生活の中における女性差別の問題に正面から向き合い、差別をなくすことを国の義務であるとしました。そのためには、家族のために女性が果たしてきた貢献に対する正当な評価と性別役割分業意識の変革が必要であることが条約の前文に述べられています。特に、育児が母親の役割とされがちなことについて、前文は、「家庭及び子の養育における両親の役割に留意し、(中略)子の養育には男女及び社会全体が共に責任を負うことが必要であることを認識し、社会及び家庭における男子の伝統的役割を女子の役割とともに変更することが男女の完全な平等の達成に必要である」と述べています。

家族・家庭の中での女性に対する差別をなくしていくことは、社会の中のあらゆる場面での女性差別をなくしていくためにも、とても重要です。子どもは、周りの大人から言葉や考え方、ふるまいを学び、真似をします。大多数の子どもたちにとって、家庭は最初の学びの場であり、親は子どもが生きていく上でのロールモデルになります。女性に対する差別の意識や構造が世代から世代へと引き継がれ、再生産されていくのか、そうではなく私たちが一人ひとりの女性に対する差別意識を変革し、女性に対する差別のない社会にしていけるのか。家族・家庭の中での女性に対する差別をなくしていくことが、差別のない社会を実現するための大きな鍵になるといっても過言ではありません。

（大谷美紀子）

参考文献

二宮周平『家族と法——個人化と多様化の中で』岩波新書、二〇〇七年
民法改正を考える会編著『よくわかる民法改正——選択的夫婦別姓&婚外子差別撤廃を求めて』朝陽会、二〇一〇年
光岡浩二『日本農村の女性たち——抑圧と差別の歴史』日本経済評論社、二〇〇一年

コラム 8

家族のカタチはいろいろあっていい

キャリアについての学年集会のあと、高校三年生の女子生徒と男子生徒の会話です。

なみ「将来のキャリアについて、あんまり実感わかないなー。うちの両親は共働きで、お母さんは残業して帰った後も、家事が忙しくて大変そう。最近は年をとって、疲れた、疲れたって。そういう姿を見ていると、お母さんみたいにバリキャリ派じゃなくて、わたしはゆるキャリ派がいいなぁ。」

ひろ「お母さん大変だね。うちも共働きだけど、親父も家事するし、小さい頃に俺たち三人兄弟の世話や保育園へのお迎えもしてくれた。今も両親が協力して家事や育児を分担してるよ。」

なみ「母親が育児をするのは当たり前で、特別ほめたりしないのに、男性が育児をすると「イクメン」って呼んでほめるの、なんだか不公平ね。」

ひろ「逆に、女性はバリキャリ派か、ゆるキャリ派か、働き方や生き方を選べるのに、男は必ずしっかり働いて一家を支えるのが当たり前。男性にとっても不自由で生きづらい世の中だな。」

なみ「見て、これ、育児休業取得率データ。母親も父親もどちらも取得できる制度なのに、実際に取得しているのは、女性の八一・八％、男性の三・一六％。男性は過去五年間で〇・五％しか上がっていないなんて、ひどいね！（厚生労働省『雇用均等基本調査』二〇一六年度）」

ひろ「このペースだと、男女の差が解消するのに何百年もかかる?!　えっ、やばすぎ（笑笑）」

家族のカタチはいろいろあっていいのに、世間体に縛られる不自由は女も男も同じです。男女のキャリア形成や家事・育児の分担について、一方に極端に偏る状況は徐々に改善されつつあるものの、男女の役割には依然として大きな差があります。教育・メディアにおいても、男女の固定的な役割分担意識が強く反映され、固定観念が無意識のうちに刷り込まれる原因となっています。

なみ「ドラマで、妻が料理をして、夫がリビングでくつろぐシーンがあったり、台所用品や洗剤のＣＭで、女性が家事をする姿が繰り返し流されるのを見てると、当たり前だと思い込んじゃうけど、案外それぞれの家族って違うよね。」
ひろ「テレビショッピングで、育児や調理の便利グッズの紹介では、主婦らしき女性が登場して、試してみて大げさに驚く、っていうシーン、定番だね。」
なみ「あるある。夫は「ご主人様」、妻は「奥様」って呼ばれるのも、考えてみるとヘンだよね。」
ひろ「この前、家族で新築マンションのモデルルームを見学に行ったとき、不動産会社の人は、まさに、「ご主人様」「奥様」って感じで、キッチンの説明はお母さんに、ローンの説明は親父にしてたのがおかしかったな。うちでは、親父のほうが料理が得意だし、お母さんのほうが稼ぎが多くて、お金の管理も得意だから、違和感あった。家に帰ってから、みんな気づいてたってわかって、大笑い。」
なみ「男が「世帯主」っていう考え方も、かなり染みついてるね。うちでは、学校へ提出する書類に記入するのはお母さんなのに、保護者名にはお父さんの名前を書いてる。」
ひろ「それなのに、先生が保護者に連絡する時は、母親に連絡するよね。」
なみ「確かに。父親と学校の接点はすごく少ないね。小学校の時、土曜日に父親参観があって、お父さんが来てくれてすごく嬉しかったけど、母子家庭の友達が寂しそうにしていたのを覚えてる。」

ひろ「アメリカでも同じようなことがあって、お母さんが男装して父親参観に行ったら、子どもが大喜びしたんだって、ちょっと複雑だね。」

小さい頃から、家庭や学校で、親や先生、メディアなどから影響を受けることで、性別役割分業意識を無意識のうちに身につけてしまいがちです。実際には、多様な家族のカタチがあるのに、固定的な〝標準家庭〟を基準にすると、排除される人がたくさんいるという現実を理解して、ジェンダーの固定観念を見直すことが大切ですね。

（柏原恭子）

参考文献

松信ひろみ編著『近代家族のゆらぎと新しい家族のかたち』（第二版）八千代出版、二〇一六年

6章 デートDVってどんなこと？

こんなこと、起きていませんか？

誰かをなぐったり、蹴《け》ったりしたら、それは暴力です。では、メールやSNSの返信が遅いといって、カレシ（またはカノジョ）があなたのことを大声で怒鳴りつけるのは暴力ですか？

異性の友達と話すことを禁止したり、同性の友達と出かけることにも文句を言うカレシ（またはカノジョ）のことはどう思いますか？　こういう束縛は、相手のことを心配しているから、愛しているから起きてしまうことで、暴力とは違うのかな？　相手が嫌がっているのにセックスしたり、避妊に協力しないのはどうでしょう？　「つきあっているのだから、多少のわがままは許されるんじゃない？」と思う人もいるかもしれませんね。でも、いつも同じ人がわがままを言う側だとしたら、それっておかしいと思いませんか？

夫婦や恋人など、親密な関係にある相手からの暴力をDV（ドメスティック・バイオレンス）といいます。結婚も同棲《どうせい》もしていない恋人同士、とくに若いカップルの間で起きる暴力は、デートDVと呼ばれています。デートDVには、相手を叩《たた》く、首を絞《し》める、殴《なぐ》るふりをして脅すといった身体的暴力や、相手が嫌がっているのにセックスをする、避妊に協力しないなどの性的暴力もあります。また、相手をバカにしたり、自分の思い通りにならないと不機嫌になったり、相手が嫉妬《しっと》するようなことをわざとしたりする心理的暴力、相手に無理やりデート代を払わせたり、頻繁《ひんぱん》にお金を借りては返さないという経済的暴力も、デートDVに含まれます。

京都市が大学生を対象に行った調査によれば、身近でデートDVを見たり聞いたりしたことがあるという人は、四〇・二%でした。また、交際相手がいるか、以前いたという人でデートDVを受けたことがある人は、女性で一九・三%、男性で一六・三%でした(京都市『デートDVに関する実態調査』二〇一二年)。内閣府が二〇歳以上の男女を対象に行った調査では、女性の約三・二人に一人が配偶者からDVを受けたことがあり、約七・二人に一人は何度もあると答えています。男性で、DVを受けたことがあるという人は約五人に一人、何度も受けたことがあるという人は約二〇人に一人でした(内閣府『男女間における暴力に関する調査報告書』二〇一八年)。

DVはなぜ起きるの?

DVやデートDVは、残念ながら、文化や宗教が違っても、あるいは同性カップルでも起きています。しかし、異性カップルでは、多くの場合、女性が被害を受けています。なぜ、DVは女性に対してふるわれることが多いのでしょうか。

デートDVを含むDVの目的は、相手を支配することにあります。さまざまな暴力を使って相手を怖がらせて、自分のいうことをきかせようとするのです。言い方を変えれば、相手を自分の思い通りにするために使われる手段が暴力であるともいえます。人は、何度も怖い思いをすると、自分の発言や行動を控えて相手に合わせるようになります。カップルの場合、相手に自分を好きでいてほしいという気持ちがあるだけに、嫌われないようにしようとする気持ちも強く働きます。「そんな人、別れればいいのに」と思うかもしれませんね。でも、人は常に痛めつけられていると、別れたり逃げたりする気力をなくしてしまいます。暴力を振るう男性は、そうやって、自分の意のままに支配できる彼女を作り出していくのです。

では、なぜ、男性は相手の女性を支配しようとするのでしょう。理由の一つに、女性は男性よりも一段下の存在であるという見方が社会の中に存在していることが挙げられます。男性は、妻や恋人は自分に一番近い女性なのだから、自分のいうことをきき、自分の気持ちを思いやってくれて当然と考えたり、男たる者、妻や恋人にいうことをきかせられなくてどうするのか（それでは、〝男らしく〟ない！）という考え方に縛られたりしているのかもしれません。また、社会には、おとなしくて素直にいうことをきく女性を〝女らしい〟と称賛するステレオタイプ（固定的な価値観）も存在していますから、女性自身が〝女らしく〟なるべきだと信じ、ステレオタイプに合った行動をとろうとすることもあるでしょう。いずれにしても、〝男は男らしく〟〝女は女らしく〟あることを求める社会のあり方が、親密な関係の中でＤＶという暴力を許してしまうことにつながっているのです。

しかし、どんな場合でも暴力を使うことは許されません。相手を大切に思っているのであれば、その相手に痛い思いをさせたり、無理やりいうことをきかせようとしたりすることはないはずです。相手に望むことがあれば、人間は暴力ではなく言葉で頼むこと、話し合うことができます。あえて暴力という手段を選ぶ必要性は、どこにもありません。相手は自分とは違う人格を持っているのですから、自分の思い通りにならなかったり、互いの意見が違ったりすることは当たり前です。違いを認めたうえで、率直に話し合える関係が築けてこそ、お互いが信頼しあい、一緒にいて安心できる大切な存在になるのではないでしょうか。

ジェンダーに基づく暴力は女性に対する差別

女性に向けられる暴力は、残念ながら、ＤＶやデートＤＶだけではありません。女性が女性であるために受ける暴力や、女性に対してより強く影響を及ぼす暴力を「女性に対する暴力」または「ジェンダーに基づく女性に対する暴力」といいます（この章では、引き続き「女性に対する暴力」という言葉を使います）。この中には、強制的な結婚や、戦争や武力紛争の中で起きる暴力なども含まれます。女性差別撤廃委員会の一般勧告第一九号は、女性が男性よりも劣っているとか、女性には決まった役割があるとする伝統的な態度が、世界各地で今も続く女性に対する暴力の原因であると述べています。

ところで、女性差別撤廃委員会は、「ジェンダーに基づく（女性に対する）暴力は、差別の一形態である」と言っています。女性に対する暴力は、なぜ、女性差別なのでしょうか。先ほど見たように、暴力を受けている女性は、それ以上の暴力を受けなくてすむように、つまり自分の身を守るために、自分で自分の行動を制限し、言いたいことも言わなくなってしまいます。その結果、自分が行きたいところに出かけたり、会いたい人に会ったり、将来の自分のために教育や訓練を受けたり、落ち着いて休んだりすることができなくなってしまうのです。女性に対する暴力は、女性差別撤廃条約第一条が定める女性差別の定義にあるように、女性が男性と平等に人権や基本的自由を享受すること、すなわち自分らしい人生を生きることを妨げる効果を持っているという意味で、女性差別であるということができます。

女性に対する暴力は、〝女らしさ〟〝男らしさ〟と深く関係しているという点で条約第五条(a)と、DVが家族やそれに近い関係の中で起きるという点では家族に関する第一六条と、また、女性を売買したり売春させたりしてお金を取り上げることを禁止している第六条とも深く関係しています。デートDVのために教育を受ける権利(第一〇条)や仕事をする権利(第一一条)、文化的活動に参加する権利(第一三条(c))などが十分に使えなくなる可能性もあります。

女性に対する暴力をなくすための取り組み

実は、女性差別撤廃条約には、女性に対する暴力について直接的に書かれた条文がありません。女性差別撤廃条約が作られた一九七九年頃やそれ以前にDVがなかったというわけでは決してないのですが、DVは個人的な問題であり、条約や法律の対象になる「公」の問題、社会全体で考えるべき問題とはみなされていなかったのです。しかし、人権について認識が広まるにつれ、次第に自分が置かれている状況がおかしいと思う女性が増え、DV被害者の女性たちを支援するための運動も広がっていきました。女性たちが協力して、夫の暴力から逃げようとする女性たちをかくまうシェルター(夫に見つからずにしばらくの間生活することができる場所)を作ったり、国や自治体に被害者の支援を働きかけるようになったのです。

一九八〇年代半ばから、国連の会議などでは、家族内の暴力や被害を受ける女性の問題が取り上げられるようになりましたが、女性に対する暴力への国際的な取り組みが本格化したのは、一九九〇年代に入ってからです。国際的な人権を定めた基準が作られてきたにもかかわらず、女性の人権が守られていない状況に、世界のあちこちで「女性の権利は人権である」を合言葉に女性たちが声を上げるようになったのです。

女性差別撤廃委員会は、一九九二年に前述の一般勧告第一九号を出して、女性に対する暴力は女性に対する差別であることを明らかにしました。この一般勧告は、女性差別撤廃条約の締約国に、委員会に提出する定期報告書の中で女性に対する暴力について報告することを求め、暴力の問題を条約が保障する人権の一部として取り扱うことを定めたものとなっています。一九九九年に成立した女性差別撤廃条約の選択議定書による個人通報制度でも、ＤＶを含め、女性に対する暴力に関する事件が扱われています。なお、女性差別撤廃委員会は、二〇一七年七月に、一般勧告第一九号の採択から二五年間の進展を踏まえて、新たな一般勧告第三五号を採択しました。

一九九三年にウィーンで開かれた世界人権会議の「ウィーン宣言」は、女性と少女の人権は普遍的人権の一部であると述べ、ジェンダーに基づく暴力やセクシュアル・ハラスメントなどの撤廃を求めました。同年一二月、国連総会で採択された「女性に対する暴力撤廃宣言」は、女性に対する暴力を、ジェンダーに基づく一切の暴力行為であり、女性に対して身体的、性的、心理的な危害や苦痛を与えたり、与える可能性のあるものと定義しています。一九九四年には、国連人権委員会が「女性に対する暴力特別報告者」を任命し、この問題について世界的な調査を開始しました。

こうした国際的な動きを背景に、日本でも、二〇〇一年に「配偶者からの暴力の防止及び被害者の保護等に関する法律（DV防止法）」が成立しました。DV防止法では「配偶者からの暴力は犯罪となる行為をも含む重大な人権侵害である」として、二つの新しい仕組みを作りました。一つは保護命令制度で、被害者からの申立てによって、裁判所が加害者に対して、被害者に近づくことを禁止する「接近禁止命令」や、現在の住居から出て行くことを命じる「退去命令」を出すことができるというものです。もう一つは、「配偶者暴力相談支援センター」で、被害者の相談や緊急時の安全確保、その後の自立を支援するために、すべての都道府県に作られています。DV防止法の「配偶者」には、事実婚（婚姻届を出していないが夫婦として生活しているカップル）や離婚した相手も含まれています。また、最新の改正法（二〇一四年から施行）では、同棲している恋人間のDVもDV防止法の対象になりました。二〇一七年には、一一〇年ぶりに刑法の関連条文が改正され、暴行や脅迫による性交（レイプ）の罰則が五年以上の懲役に引き上げられました。これまでレイプの処罰は、強盗の場合よりも軽い三年以上とされていました。また、今回の改正では、これまで被害者が告訴しなければ罪に問われなかった性犯罪も、その他の犯罪と同じように被害者の告訴がなくても処罰されることになったほか、親などによる性暴力についても新たな罰則が定められました。

デートDVや暴力被害にあってしまったら

自分たちの関係ってデートDVかなと思ったら、まずは誰かに相談してみましょう。家族や先生、信頼できる友人に相談することももちろんですが、身近な人には言いにくいという場合には、配偶者暴力相談支援センターのほか、近くの女性センターや男女共同参画センターなどに相談することができます。インターネットやスマホで、内閣府男女共同参画局の「相談機関一覧」を検索すると連絡先リストが出てきますし、最寄りの警察でも相談できます。デートDVに詳しい団体などに相談したい時は、インターネットで検索もできますが、配偶者暴力相談支援センターや女性センターでも紹介してくれます。どこに連絡したらよいかわからない時は、内閣府の「DV相談ナビ」(0570-0-55210) に電話をすると、あなたがいる場所の近くの相談窓口

（各都道府県で指定された相談機関）に電話がつながります。また、デートDVをする相手と別れたいのにしつこく付きまとわれているという場合には、ストーカー行為等規制法に基づいて、警察に対応してもらうことができます。

このほかにも、性的な暴力（DVやデートDVに限りません）の被害者を支援するための「ワンストップ支援センター」があります。ワンストップ支援センターは、性犯罪や性暴力の被害を受けた人に、産婦人科の診察、相談やカウンセリング、捜査や法律面の支援など、必要なサービスを一つの場所で提供できるようにして、被害者の心身のストレスを減らすこと、被害者が心身ともに回復できるよう相談や支援を続けること、安心して被害を訴え出ることができるようにサポートすることなどを目的としています。国の計画では、二〇二〇年までにすべての都道府県に最低一カ所のワンストップ支援センターを設置することになっていて、二〇一八年三月一日現在、四二都道府県に四四のワンストップ支援センターがあります。

デートDVや性暴力の被害を受けたとしても、悪いのはあなたではありません。他人から暴力を振るわれてよい人はいませんし、どんな場合でも、暴力は振るった側が悪いのです。自分を責めるのではなくて、自分らしさを取り戻すために、誰かに相談しましょう。助けを求めることは、悪いことでも恥ずかしいことでもありません。

デートDVで悩んでいる様子の友達がいたら、相談したくなったらいつでも話してねと声をかけましょう。友達から相談されたときには、話を真剣に聞き、相談できる場所を教えてあげたりすることで、その友達を支えることができます。デートDVを受けている人だけでなく、デートDVを許さないという態度を示す人が増えれば、デートDVをする側にプレッシャーをかけることができます。どんな場合でもデートDVや暴力はいけないというメッセージを送り続けることが大切です。

（近江美保）

参考文献

山口のり子（アウェア）『愛する、愛される　増補版――デートDVをなくす・若者のためのレッスン7』梨の木舎、二〇一七年

伊田広行『ストップ！デートDV――防止のための恋愛基礎レッスン』解放出版社、二〇一一年

レジリエンス『傷ついたあなたへ――わたしがわたしを大切にするということ　DVトラウマからの回復ワークブック』梨の木舎、二〇〇五年

コラム 9

「JKお散歩」は危険なアルバイト?!

私たちの周りは、欲しいモノがイッパイ!

ステキな洋服や靴、すぐにニキビが消えそうな化粧品やサプリ……。お小遣いは限られているから全部は買えない。そうだ、アルバイトをしよう! でも、高校生のバイト料は安いし……と、思いながら部活を終えて帰ろうとしていた高校二年生の瞳さんに、同級生の菜々さんから声がかかりました。「簡単でいいバイトがあるんだけどやってみない?」。ちょうどアルバイトのことを考えていた瞳さんは「女子高生とおしゃべりしながらお散歩したいっていう人に付き添うだけで、時給○○円になるんだよ」と聞いて、そんな簡単なことならと思い、にっこりうなずきました。早速事務所で契約書に住所や連絡先を書いてサインをしました。何か新しいことを始める前のちょっとしたドキドキ感とワクワク感で瞳さんの心はイッパイ。これが社会問題になっている危険なアルバイト「JKビジネス」の一つ「JKお散歩」とは思ってもみませんでした。

一八歳未満のJKビジネス

JKビジネスは、女子(J)高校生(K)の制服でコスプレをした一八歳以上の女性従業員が、男性客に「JKリフレ」(簡単なマッサージ)や「JK撮影会」(二人きりで写真撮影をする)などのサービスをする風俗営業です。しかし「JKお散歩」は、単に客とおしゃべりをしながら街を散歩するだけという触れ込みで店を必要としないため、風俗営業法の網の目をくぐり抜けて一八歳未満の少女もアルバイトとして雇っています。少女たちは、短時間で大金が得られるアルバイトとしていざ散歩してみると、手を繋いでほしいとか、カラオケや漫画喫茶に誘われて個室で性的行為を要求されたり、馴染《なじ》みになった客に下校時に待ち伏せされるなどの被害に遭うこともあります。

経営者は、少女たちがひとたびこのアルバイトに入ると、外部に漏らしにくいのをいいことに、さまざまな性産業に誘い込んでいきます。これは、女性差別撤廃条約第六条「女子の売買・売春からの搾取の禁止」に抵触する、女性を利用した新手の性産業ビジネスです。「JKお散歩」は、『世界各国の人身売買の実態の年次報告書』(米国務省レポート、二〇一四年)でも報告され、日本では性的目的の人身売買(援助交際)が横行していると報道されました。二〇一七年七月から、東京都は青少年の健全育成のために「特定異性接客営業等に関する条例」を施行し、一八歳未満の少女に接客させることを禁じ、違反者には営業停止や罰金を科すなどの対策に乗り出しました。

ＪＫビジネスの罠からの脱出

瞳さんは週末にバイトに通ううちに、ノルマを与えられるようになり、とうとう部活を辞めました。また、事務所から今度は「ＪＫリフレ」や「ＪＫ撮影会」のバイトにも誘われ、断ろうとすると親や学校にバラすなどと脅されました。こんなことが親や学校に知られたら……と想像するだけで恐ろしくて、誰にも相談できないまま出口のない真っ暗闇のトンネルに入ってしまったような気持ちになり、勉強も手につかなくなりました。

ある日、何気なくスマホで「ＪＫお散歩」を検索していたら、「そのアルバイト、大丈夫？」というサイトにヒット。相談窓口の電話番号が出ていました。勇気をふるって電話すると、「秘密は絶対守りますよ」と言われ、安心してすべてを話すことができました。そして、瞳さんはいろいろなアドバイスや支援を受けて、とうとうＪＫビジネス界から脱出することができました。

瞳さんは、社会には悩みや相談を聞いてくれ、解決に力を貸してくれる所があることを知り、決して一人ぼっちじゃないんだと思いました。相談員さんには「お小遣い欲しさに、自分の心と身体を危険な目にあわせないよう、もっと自分を大切にするのよ」と言われました。「えっ？　自分を大切にするってどういうこと？」瞳さんは、どうしたら自分を大切にできるのだろうと考えるようになりました。

（石﨑節子）

参考文献他

仁藤夢乃『難民高校生――絶望社会を生き抜く「私たち」のリアル』ちくま文庫、二〇一六年
内閣府男女共同参画局ＨＰ「その契約、大丈夫？」「そのアルバイト、大丈夫？」
http://www.gender.go.jp/policy/no_violence/avjk/jk_example.html

コラム 10

紛争下における女性に対する性暴力

いまも多発する紛争下の女性に対する暴力

世界では残念ながら、平和はいまも実現していません。武力紛争は絶えず、女性は大きな犠牲を強いられているのに、平和構築などの意思決定から排除されています。紛争は、人々の殺《さつ》戮《りく》だけでなく、女性や少女に対する性暴力も引き起こしています。戦闘員として使われながら、男性戦士の妻の役割を強制されるケースもあります。性暴力には、レイプ、性奴《ど》隷《れい》、強制売買春、強制妊娠、強制中絶、強制不妊、強制結婚、性暴力・搾取のための人身取引などさまざまなかたちがあります。性暴力は、女性の尊厳や名誉を踏みにじり、重篤《じゅうとく》な人権侵害・犯罪で、身体的被害はもとより、被害者に癒えることのない心の傷も負わせる非人間的行為です。この問題に国際的非難が高まったのは、一九九一年から始まった旧ユーゴスラビア(バルカン半島)の紛争で、特にボスニア・ヘルツェゴビナで起きた女性と少女に対する「性暴力」がきっかけです。六万人ともいわれる女性と少女が「民族浄化政策」の名の下に、組織的にレイプされました。女性団体が非難の声を上げ、性暴力事件として認識されるようになりました。最近では、紛争やテロの戦術として性暴力が使われ、安全保障上の問題でもあります。

女性に対する暴力をなくすための活動

紛争下の女性に対する暴力を根本的になくすためには、社会に深く根付いているジェンダー差別の撤廃が必要です。そうした暴力は、女性に対する差別的な社会文化的態度や慣習・慣行から生じているからです。そのためにも、各国での女性差別撤廃条約の完全で効果的な実施が重要です。

平和機構である国際連合は、この問題の解決に指導的役割を果たしています。その画期的な成果として、二〇〇〇年、平和・安全保障問題を扱う国連安全保障理事会が、初めて採択した武力紛争の女性への影響の理解、女性の保護、平和構築や安全保障分野での女性の参画を柱とする決議（第一三二五号）があげられます。以後、安保理では、二〇〇八年の紛争下における女性の暴力にフォーカスした決議など、継続して決議が採択されています。また国連平和維持活動（PKO）での性暴力からの女性・少女の保護も重要です。

国際社会で求められる具体的な行動とは？

国連の行動の柱は、大別すると紛争の防止、被害者の保護そして加害者の訴追・処罰です。

(1)紛争の防止

根本的には、安全で平和な社会を実現することです。そのためには、紛争の予防・管理・解決・平和構築のすべての過程でジェンダー平等の視点を導入・強化するとともに、あらゆる意思決定レベルに女性が平等に参加し、指導的役割を発揮することが欠かせません。また女性が暴力等の人権侵害にさらされないよう、リスクを低減するための教育や文化を育てることも必要です。

(2)被害者の保護

性暴力の被害者に対しては、身体的・医療的・社会的・心理的・法的・経済的支援を含む包括的な支援が必要です。被害者の中長期的なリハビリテーションや、被害者に対する補償、賠償、治癒など公正で有効な救済が求められます。また女性・少女の状況やニーズが支援に十分に反映され、女性のエンパワーメントも促進されなければなりません。

(3)加害者の訴追・処罰

歴史的に戦争犯罪とされてこなかった女性への性暴力については、近年、不処罰に終止符が打たれ、犯罪として裁かれるようになりました。「国際社会全体の関心事である最も重大な犯罪」を犯した個人を国際法に基づき訴追・処罰するために、二〇〇二年に設立された国際刑事裁判所のローマ規程や国際的アドホック刑事裁判所の規程の中には、性暴力犯罪が含まれています。例えば、ボスコ・ンタガンダ大将(コンゴ民主共和国)は、性奴隷などの戦争犯罪・人道犯罪容疑計一八件の罪で国際刑事裁判所に起訴され、裁かれています。これらの前提として、女性の司法へのアクセスの確保が必要で、大きな課題です。女性差別撤廃委員会は、「女性の司法へのアクセス」に関する一般勧告第三三号を採択しました(二〇一五年)。

(堀内光子)

参考文献

国連人口基金東京事務所『世界人口白書 2010　紛争・危機からの再生：女性はいま』二〇一〇年
マージョリー・アゴシン編著／堀内光子他訳『女性の人権とジェンダー――地球規模の視座に立って』明石書店、二〇〇七年

7章 性について話してみよう！

知りたい、けど恥ずかしい。

大学教員の私は、女子大学生のAさんから、こんな相談を受けたことがあります。

「友だちと一緒にいると、誰と付きあってるとか、もうキスをしたとか、セックスしたとかが話題になることがよくあります。カレシはいるし、仲良くしてるし、セックスもしたことはあるけれど、何となくモヤモヤしていることがあるんです。

カレシのことは大好きですが、セックスのお手本はＡＶ（アダルトビデオ）みたいです。セックスしたくないときに、「今日はイヤ」って言っても、真剣に聞いてくれません。それにコンドームを付けてくれないことも多いんです。こんなこと、友だちにも聞けないし、どうすればちゃんとわかってもらえるんでしょうか？」

その後、教室や研究室などで出会う男子大学生たちに尋ねてみたところ、ＡＶやテレビ、漫画や雑誌が「セックスのお手本」と答える学生の多さに驚きました。一方で、「今日はいやだ」

という彼女の言葉を「真に受けない」と答える学生もいて、これにもびっくりしました。さらに驚いたのは、「カレシやカノジョとセックスの話をしたことがある？」と聞くと、性別に関係なく「恥ずかしくて話したことがない」という答えが返ってきたことです。きちんとした調査ではないので、「大学生の性意識と性行動の実態」とまではいえませんが、それでもその片《へん》鱗《りん》を映しているともいえそうです。

好きな人ができて、くっつきたいと思ったり、性的な欲求が起こるのはおかしなことでも、恥ずかしいことでもありません。それなのに、大切な人とのセックスのお手本となるものが、ＡＶやアニメしかないなんて、とっても悲しいことです。なぜなら、ＡＶやアニメの多くが男性目線で作られているからです。

同意のない性関係が犯罪につながることも指摘されています。たとえ交際相手でも嫌がっている相手と無理やりにセックスをすると強制性交等罪になりますし、そこまでに至らなくてもデートＤＶになります。また、ある時期に性犯罪を起こした容疑者のうち、実に四人に一人が、「女は口では「いやだ」と言っても、本当はそんなにいやがっていない」と答えたという聞き取り調査の結果（内山絢子「性犯罪被害の実態（４）」『警察学論集』五三巻六号、二〇〇〇年）もあります。つまり勘違いが引き起こす性犯罪があるということです。

二〇一七年一二月七日の朝日新聞（夕刊）に、「同意ない性関係「暴力」と知って」という記事が載りました。そこでは、複数の大学で、性的同意（セクシュアル・コンセント）の大切さを学ぶワークショップが開催され、ロールプレイ等を通して学んだ大学生たちが、ハンドブック作りを企画していることが書かれています。主な内容は、「性における同意がなぜ大切なのか」「性暴力について広く信じられているうそ」「性的自己決定権とは」「性におけるコミュニケーションのあり方」「友人など第三者が介入し、性被害を防止する方法」「具体的な事例から考える」となっています。みなさんにも、同意のない性関係が「暴力」であることをぜひ知ってほしいと思います。そして性における同意がなぜ必要なのかを考え、視野を広げていくために、「性的自己決定権」について、これまでの国際的理解、世界と日本の動きを続いて見ていきます。

リプロのこと、知ってますか?

すべてのカップルと個人が、「リプロダクティブ・ヘルス（Reproductive Health：性と生殖の健康）」を享受する権利のことを「リプロダクティブ・ライツ（Reproductive Rights：性と生殖の権利）」といいます。これは、一九九四年にカイロで開催された国際人口・開発会議ではじめて定義され、会議の合意文書であるカイロ行動計画のなかに盛り込まれた概念です。

リプロダクティブ・ヘルスは、人びとが安全で満ち足りた性生活を営むことができ、生殖能力を持ち、子どもを産むか産まないか、いつ産むか、何人産むかを決める自由を持つことを意味します。また、性に関する健康(セクシュアル・ヘルス)も含み、単に生殖と性感染症に関連するカウンセリングとケアにとどまるものではありません。

リプロダクティブ・ライツは、すべてのカップルと個人が自分たちの子どもの数、出産間隔、出産する時期について責任を持って自由に決定でき、そのための情報と手段を得ることができるという基本的権利です。それは、最高水準の性に関する健康およびリプロダクティブ・ヘルスを得る権利を認めることにより成立します。また、お互いに尊敬しあう対等な男女関係を促進し、特に思春期の若者が自分のセクシュアリティに積極的に、責任を持って対処できるよう、教育とサービスのニーズを満たすことに最大の関心を払わなければならないとされています。

定義が長いのも、一つの言葉にたくさんの意味が入っているのも、それまでにバラバラに理解されていた「性と生殖」に関する事柄や権利をまとめて、一つの言葉のなかに入れ込んだからといえます。人口爆発や少子化の問題解決も、リプロ(性と生殖)の問題として語られることになりました。これらは、一見、まったく相反する事柄のようですが、リプロの視点では、子どもを産むか産まないかは、カップルと個人の問題であると定義されました。

もう少し踏み込んでいえば、これまで女性の身体や「産む」という機能は、国や法律、家父長制、医療など、さまざまなものから支配・管理され、また搾取され、傷つけられてきました。形は変わっても、今でもまだそのようなことは残っているのです。「私のからだは私のもの」という当たり前のことが、リプロの視点から見ていくと、当たり前とはいえないとわかってくると思います。

リプロと世界の動き

一九九〇年代に入ると、性と生殖に関する人権を議論する国際フォーラムや国際文書において、リプロダクティブ・ヘルスとリプロダクティブ・ライツという用語が盛んに用いられるようになってきたのです。

特に女性の身体を対象として開発されてきた生殖技術及び生殖補助医療、そして母子保健サービスに関する問題を通して、リプロダクティブ・ヘルスの概念の発生をみることができます。

一九七〇年代には国連の主導のもとで、ホルモン注射や埋め込み式避妊薬、抗妊娠ワクチンなど、先進国で開発された避妊薬がまず途上国で使用されてきました。これは、主に女性を対象とした「人体実験」であったともいわれています。また、先進国で安全性に疑問が出て使えなくなった避妊薬も、途上国で使われたという歴史があります。女性自身が自分の身体を管理(コントロール)するのではなく、医療者などにより効果的に生殖を管理する方法が研究され、集団的、強制的な薬の使用が行われてきました。その後、自分の身体をコントロールするという考えは、フェミニズム運動の中心となり、一九八〇年代に入ると、性と生殖活動と生殖器官に関する健康を「リプロダクティブ・ヘルス」と呼ぶようになります。

リプロダクティブ・ライツの概念が出てきた背景には、大きく分けて二つの流れがあります。一つめは欧米における中絶権獲得の動きです。一九六〇年代に欧米でフェミニズム運動が盛んになり、男女平等の制度の確立と女性の労働権を求める機運が高まると、経済的な自立とともに身体と性の自立を求め、自分の身体をコントロールしようという声が女性の中から上がってきたからです。二つめは世界的な人口問題です。一九七〇年代、途上国において発生していた人口爆発に対処するため、人口管理政策(バース・コントロール)が国連などの主導により取り入れられます。その動きと、欧米での「優生学」に基づいた人口管理政策への女性の反発の動きがあります。これらの動きの目的は、国家の法と政策に対する「女性の自己決定権」の獲得です。この欧米と途上国の女性のネットワークがつながり、そのネットワークでの議論を通して、

「リプロダクティブ・ライツ」が権利として認識されるようになっていきます。

一九八四年に開催された国際人口会議(メキシコ会議)に対抗して、「人口管理にNO！ 女性が決める！(Population Control No! Women Decide!)」をスローガンに女性たちは独自に「女と健康国際会議」を開催しました。日本のフェミニストたちも、この会議で刑法に規定されている堕胎罪《だたいざい》と優生保護法の問題点を訴え続けてきました。こうした女性たちの動きが一九九〇年代のカイロ人口・開発会議、北京世界女性会議へと続くこととなりました。

このような背景から、リプロダクティブ・ヘルスは女性差別撤廃条約の第一二条に、またリプロダクティブ・ライツは第一六条一項(e)に位置付けられますが、女性の生涯にわたる性と生殖の権利、としてとらえると、すべての条文に関わってくるテーマになります。

リプロと日本の動き

カイロ会議によって、リプロという概念が入ってきた日本では大きな動きがありました。国際社会に「優生保護法」という法律が残っていることが知られ、国際的な非難が巻き起こったのです。そのようななかで国内でもこの法律に反対する動きが高まり、一九九六年には優生保護法は優生思想に基づく箇所を削除し、母体保護法と名称も変更になりました。

その流れを見てみましょう。一九四〇年に制定された国民優生法が、第二次世界大戦後の一九四八年に「優生保護法」に改められます。「産めよ殖やせよ」の政策から一転し、人口抑止政策へと転換します。戦中の出産の奨励から抑制への転換、またそれがすんなりと進んだ背景には、人びとの自己決定権を認めず、その決定権は国家が持つということが暗黙に認められていたということがあります。

明治以降いまも残る刑法の堕胎罪によって中絶は犯罪とされてきましたが、敗戦後の食糧難や住宅難、復員等による人口増加が問題となり、特別の事情がある場合に限り、人工妊娠中絶を行うことができる法律が「優生保護法」でした。この特別の事情というのが、子どもを産んでも経済的に育てることができない「経済条項」と「優生上の見地から不良な子孫の出生を防止する」というもので、同法の施行後中絶件数が急増しました。それだけ、望まない妊娠をしてしまう女性が多いということでもありました。一方、一九四八年に国家資格として認められるようになった「助産婦」などによる、避妊の指導などがいきわたるようになると、戦後のベビーブームから一〇年も経たずに出生数は急速に減少しました。しかし、高度経済成長期に入ると、出生率の急激な変化に、国力の低下と労働力不足を心配して、一九六〇年代末には政財界を中心に「中絶は犯罪だ」という声が大きくなり、優生保護法を改正して中絶を規制しようとする動きが強くなっていきます。

この流れを受け、一九七二年には国会に優生保護法改定案が上程され、それには経済条項を削除することや、胎児条項（胎児に重度の精神・身体障害の可能性がある場合の中絶を認める）などを新設することなどが盛り込まれていました。経済条項の削除は事実上の中絶禁止を意味することから、ウーマンリブの運動をしていた女性たちは、反対運動を行います。また、「全国青い芝の会」などの団体が障害者の生存権を主張する反対運動を立ち上げます。優生保護法は、その名のとおり、遺伝性の心身障害・疾患等を理由に本人の同意がない場合でも不妊手術や中絶手術を行うことを認め、名実ともに優生政策を行っていました。ようやく最近になってそのとき行われた手術の審査経緯が明らかになりつつあります。

女性差別撤廃委員会は二〇一六年二月に行われた日本の報告に対する審査の際、旧優生保護法の下で「不良な子孫の出生防止」のために、約一万六五〇〇人もの障害者が本人の意思を無視した不妊手術を強制された事実を問題視し、その権利侵害に対して、日本政府は補償も謝罪もしていない事実を指摘しています。そして、不妊手術の実態を調査したうえで、加害者を訴追し、すべての被害者に法的な救済や補償を実行するように強く勧告しています。

これに対して政府は「適法に実施されたものであり、補償は困難」という見解を示し、重い腰をあげようとしませんでした。しかし二〇一八年一月に、強制不妊手術は憲法違反であるという提訴を受けて、国会内でも実態解明に向けての動きがでてきました。とはいえ、優生思想はまだまだ日本の社会に根深く存在しています。

さらに、新たな問題として、生殖にかかわる医療の進歩があげられます。その一例である新型出生前診断では胎児段階で遺伝子や染色体等のチェックが容易になりました。そのため結果的に「命の選別」が安易に行われてしまうかもしれません。また心身への負荷が主に女性にかかることも忘れてはいけません。女性の身体の自己決定権を求めてきた結果が、女性の選んだ自己責任論になってしまうのは問題です。

現代的な課題

子どもが増えて困ると産児制限、そして子どもが減って「国難」になってくるとどうでしょうか。二〇〇三年「少子化対策基本法」が成立しますが、そうした法整備の動きは、きちんと性教育をしようという動きにはつながっていません。例えば財団法人母子衛生研究会が作成した教材『思春期のためのラブ&ボディBOOK』(二〇〇二年)は、中学生から「性と生殖」について考える内容になっていましたが、これが「いきすぎた性を教えるのはよろしくない」として回収される騒動になります。また、二〇〇三年には、東京都の七生養護学校（当時）で使用されていた性教育の教材が「不適切」「非常識」とする三名の都議会議員の批判を受け、都教育委員会によって没収されるとともに、多くの教員に降格や厳重注意といった処分が下ります。しかし実施されていた性教育は、教員と保護者が協議を重ねながら、知的障害を持つ生徒を性被害などから守る独自のプログラムでした。その後、裁判で学校側が勝ちましたが、日本の学校現場では性教育はきちんとなされていないのが現状です。

女性差別撤廃委員会も、日本に対して、「性と生殖に関する健康と権利についての年齢に応じた教育が学校教育のカリキュラムに体系的に組み込まれるよう」求めています。

残念ながら日本では、一人ひとりが「私のからだは私のもの」という当たり前の主張をし、そのための情報にアクセスすることができ、子どもを産む、産まないを、国にすすめられて決めるのではなく、個人とカップルの自己決定の権利、人権であるということがちゃんと認められる社会にはなっていません。性のことは恥ずかしい話題でも、隠さないといけない話題でもありません。自分の身体や性のことについて、きちんとした知識を持つのは人権なんです。

（谷口真由美）

参考文献

杉田聡『AV神話――アダルトビデオをまねてはいけない』大月書店、二〇〇八年
仁藤夢乃『女子高生の裏社会』光文社新書、二〇一四年
神戸金史『障害を持つ息子へ――息子よ。そのままで、いい。』ブックマン社、二〇一六年

コラム 11

やせると「キレイ」になれるの？

やせ願望と「やせ」の増加

あなたは、やせて「キレイ」になりたいとか、「やせると好きな服が着られる」「やせている友だちがうらやましい」などと思ったことはありませんか。ファッション雑誌やテレビなどに登場する若い女性たちに人気の同性のタレントやモデルの多くも、痩身《そうしん》です。その影響でしょうか、やせている方がいいと思い込む若い女性が多いようです。いま一〇代、二〇代の女性の間で「やせ願望」の増加や低年齢化が問題になっています。

あなたの食生活は大丈夫？

もしかしてあなたは、朝食抜き（欠食）、昼食はおにぎりとかパンのみ、夕食はコンビニの弁当、パックサラダなどにし、経済的だし、自炊はメンドウだし、と毎日の食事を手軽に済ませていませんか。朝食をとらないと、栄養のバランスが崩れ、結果として生活習慣病を招きやすくなります。

厚生労働省が行なった『国民健康・栄養調査』(二〇一五年度)では、二〇代の女性で外食及び持ち帰り弁当や惣菜を定期的に利用している人の割合が四二・六%、野菜類など副菜をとらない人が八六・九%となっています(複数回答)。このような食生活で大丈夫でしょうか。

せめて朝食はパンよりご飯、たんぱく質の副食、野菜、果物などをとるようにし、昼食は「おにぎりだけ」では炭水化物のみとなるので、たんぱく質や食物繊維、ビタミン類をとるようにします。夕食は持ち帰り弁当でも、野菜や具だくさんの味噌汁などを加えるなど工夫してみましょう。

心身への影響は?

バランスの悪い食事が習慣化すると、潜在的な栄養不良になります。鉄分不足で貧血になると、だるく、疲れやすくなります。また、朝食欠食やダイエットなどによる栄養不足は、骨粗《こつそ》鬆症《しょうしょう》をはじめ生活習慣病の原因になることもあるといわれています。栄養バランスに配慮した食事や運動による健康な身体づくりは、生きることの基本になっていきます。それらをぜひ大切なこととして理解して下さい。

豊かな国で問題になっているのが摂食障害です。若い女性に見られがちですが、そもそも女性は、成人近くなるとふくよかになるのは自然のことです。それを「太っている」と思い込み、さらには「食べると太る」という思いが頭から離れなくなり、太ることへの不安や恐怖を抱き過度なダイエットに励むと、極端な食事制限やその反動からくる過食などの摂食障害になる危険があります。「拒食」、「過食」を繰り返して治りにくくなることもあります。背景には、他人の目や評価が気になる、今の自分に自信がもてない、大人になりたくないなど、ありのままの自分（「私」）を否定しようとする意識、つまり自尊意識の低さが隠れている場合もあります。摂食障害に陥ると、家族ぐるみの難しい治療が求められることもあり、日常の生活や学校生活にもマイナスの影響が及びます。

ふくよかさや細さなど女性の美しさの基準が、その時代に好ましいとされている「女らしさ」の観念や性差・性別に関する知識（ジェンダー）などとどのように結びついているのか、身近な例などを出し合って話し合ってみてはいかがですか。

（高岡日出子）

参考文献

竹井恵美子編『食とジェンダー』ドメス出版、二〇〇〇年
安部司『食品の裏側』東洋経済新報社、二〇〇五年

8章　複合差別を知っていますか？

これって女性差別？

民族衣装を着た女性が街を歩いていました。すると、近くを通りかかった男性から、突然その民族を誹謗《ひぼう》する言葉を投げかけられます。言いようのない恐怖を感じたものの、女性は気を取り直し、夕食をとるために近くのレストランを訪れました。ところが今度は入店を断られます。高級店なので外国人には払えないだろう、というのが理由でした。店内をのぞくと、知人の男性が友人と食事をしているのが見えました。知人男性は、女性と同じ国籍で、同じように民族衣装を着用していました。

これは女性であることを理由とする差別でしょうか。それとも特定の民族を理由とする差別なのでしょうか。または、その両方でしょうか。それとも、何にもとづく差別か特定することそのものが無意味な問いかけなのでしょうか。

もしこの女性が民族衣装を着ていなかったら、このような待遇は受けなかったかもしれません。人の国籍は、ふつう外見からは判断できません。民族衣装を着用していても、その人の国籍と一致しているとも限りません。もし民族衣装を着て歩いていたのが、大柄で屈強な男性だった場合、通りすがりの男性は同じように誹謗する言葉を投げかけなかったかもしれません。また、知人の男性がレストランに入店できたのは、女性よりも収入が高かったからとは限りません。収入を外見から判断することはできません。

そう考えると、この事例は、女性であり、かつ、民族衣装を着ていた、という二つの条件が重なったことで起きた出来事のようにみえてきます。女性に対する差別がなくなったとしても、民族衣装という外見で暴言を吐かれ続けるでしょう。また、特定の民族への差別がなくなっても、女性であることを理由に入店を断られ続ける可能性があります。

複合差別という考え方

このように、いくつかの差別が重なって、複雑に絡み合っている状態のことを複合差別といいます。第三次男女共同参画基本計画(二〇一〇〜二〇一五年)からは「複合的に困難な状況に置かれている人々」という言葉で表現されています。

差別や困難について考えるとき、あまりに当たり前すぎて、つい忘れがちになることがあります。それは、人の属性や特徴は一つではない、ということです。みなさんも、いちど自分の属性や特徴を書き出してみてください。それぞれ、いろいろな属性や特徴があることがおわかりいただけるかと思います。それらの属性や特徴のうち、二つかそれ以上を理由に生きづらさを感じていれば、それは複合差別という状態にあたる可能性があります。差別をうけている理由が一つの属性や特徴にもとづくのであれば、その差別がなくなれば、とりあえず問題は解決します。でも二つかそれ以上の理由がある場合、一つが解決しても、別の属性や特徴を理由に差別や困難な状態は続いてしまいます。もしかしたら、一つの問題が解決したことで、他の問題が先送りされてしまうかもしれません。また、理由が複数あれば、解決に向けて動かない言い訳にされかねません。

複合差別のかたち

障害のある女性が会社で昇進できなかった事例をもとに考えてみましょう。

障害のある女性が、障害があることだけを理由に会社で昇進を見送られました。これは障害者差別にあたります。その後、もう一度昇進の機会がおとずれましたが、今度は女性であることを理由に昇進できませんでした。これは女性差別にあたります。障害と女性という二つの属性を理由に、二度も昇進の機会を逃したことになります。

ただし、最初の昇進の見送りは、もしかしたら女性であることも理由の一つになっていたのに、昇進できない理由として説明しやすかった障害のほうが強調されただけだったかもしれません。会社が障害者も女性も昇進させたくないと考えていれば、それは理由を重ねることで、障害か女性か、どちらが大きな理由だったのかわかりにくくなります。女性差別だといわれれば、理由は障害だといい、障害者差別だといわれれば、理由は女性だからだということで、差別ではないと考えられてしまうかもしれません。

もちろん、人が働くことについては、法律は障害者差別も女性差別も禁止していますので、二度の昇進の機会を逃した場合も、別の差別だと言い逃れられても、裁判で争うことができます。結果、障害者差別か女性差別かのどちらか、または両方として、障害のある女性の権利は守られます。

では、障害のある女性は昇進できなかったけれども、同期で入社した障害のある男性と障害のない女性が昇進した場合はどうでしょうか。障害のある男性は昇進しているため、障害者差別とは言い切れません。また、障害のない女性が昇進しているため、女性差別とも言い切れないことになります。障害者差別や女性差別を禁止する法律をもとに裁判で争っても、どちらの理由にもとづく差別かわからず、障害のある女性の権利は守られにくくなります。この点が先の二つの場合と違うところです。二つの属性を一緒に考えなければ、この場合の差別は見逃されてしまいます。複合差別の中でも、とくに交差的な複合差別といわれ、細心の注意が必要な差別形態の一つです。

複合差別のしくみ

なぜ、複合差別という問題が生じるのでしょうか。それは、差別の撤廃への取り組みの中に、複合差別をみえにくくする二つの原因があるからだと考えられています。

一つめの原因は、差別をうけている集団の中にある女性差別がみえにくいことです。女性であることを理由とする差別は、他の章でも詳しく書かれているとおり、日常の生活から学校や職場、政治への参画まで幅広い場面で起きています。それほど女性差別は、社会のいたるところに存在します。それは女性であること以外で差別をうけている集団の中でも、例外ではありません。障害のある人たち、少数民族の人たち、被差別部落出身の人たちなど、何かの属性や特徴を理由として差別をうける人たちの中にも、女性であることを理由とする差別が生じています。たとえば、集団が一つにまとまって行動するために、各家庭では女性が子育てや介護などの責任を一方的に担わされたり、男性だけが集団の中心となって物事を決定したりします。集団の伝統として、女性が十分な教育をうけられないことや、賃金が支払われる仕事に就かせてもらえないこともあります。女性が自らの権利を主張すると、集団の伝統や規律を乱す行動として非難されかねないため、集団の中で我慢しなければなりません。差別をうけている集団の内部で起きている女性差別は、よりみえにくくなっているのです。

もう一つの原因は、女性という集団の中で、他の差別問題がみえにくいことです。たとえば、女性差別の撤廃に国際的な注目が集まりはじめた一九七〇年代、世界の女性たちは一つになって行動を開始しました。ところが、すぐにある問題に直面します。女性といっても、先進国で裕福な白人の女性の経験を前提としているとの批判が、とくに途上国や白人ではない女性たちから巻き起こったのです。ある程度自由に使えるお金と時間があること、読み書きができること、食事や安全な飲み水をえられることなどを前提とした女性の自由や権利の主張に、多くの途上国の女性や白人ではない女性たちは違和感をおぼえます。女性であることを理由とする差別に取り組むときにも、他の差別の問題も意識しなければ、本当の意味での女性差別の撤廃にはなりません。いまでは当然のように人種や民族、宗教、年齢など、いろいろな属性や特徴をもつ女性の自由や権利が注意深く取り上げられています。性的指向や性自認にもとづく差別、すなわち、レズビアン・バイセクシュアル女性やトランスジェンダー女性への差別についても、意識が向けられるようになってきました。

このように、差別をうけている集団の中では女性差別がみえにくく、女性という集団の中では他の差別問題がみえにくいという二つの原因が、複合差別という問題をより深刻なものにしています。

女性差別撤廃条約と複合差別

女性差別撤廃条約には複合差別そのものを扱った条文はありません。もちろん、だからといって、複合差別が条約の対象から外れているわけではありません。

たとえば、二〇一〇年に女性差別撤廃委員会が採択した一般勧告第二八号という文書があります。この勧告は、女性差別撤廃条約第二条に規定されている締約国の差別撤廃義務に関するものです。そこには、交差的な複合差別は「条約第二条に規定された締約国の一般的義務の範囲を理解するための基本概念である」と書かれています。その上で、交差的に影響しうる要素の例として、人種、民族、宗教、信仰、健康状態、身分、年齢、階層、カースト制、性的指向、性自認の一一の理由が示されています。さらに、交差的なものも含めた複合差別をなくすためには、法律による対応や暫定的特別措置などの政策の実現が必要だとも書かれています。

女性差別撤廃委員会による締約国レポート審議の中でも、複合差別の問題がとりあげられています。とくにマイノリティ女性への差別は一九九〇年代から頻繁に扱われるようになりました。ただし、ここで対象となったマイノリティは国民的、民族的、宗教的、言語的マイノリティの四つに限定されています。これは一九九二年に国連総会で採択されたマイノリティ権利宣言と同じものです。その後、障害のある女性や難民・国内避難民の女性、高齢の女性などが個別にとりあげられるようになりました。最近では、複合差別の対象となりうる集団が「被害に遭いやすい女性」や「不利な立場にある女性」とまとめて扱われるようになっています。そこでは、個別の複合差別をとりあげるだけでなく、複合差別という状況に取り組むために必要な法律や措置が具体的に勧告されています。

女性差別撤廃委員会の勧告

では、日本の複合差別についてはどうでしょうか。女性差別撤廃委員会は二〇一六年の総括所見の中で、取り組みの不十分さを指摘するとともに、個別課題として具体的にとるべき措置を提示しています。

まず一般論として、日本政府は不利な立場にある女性たちへの複合差別を解消するための積極的な努力を求められました。対象として例示されているのは、アイヌの女性、被差別部落の女性、在日コリアンの女性、障害のある女性、レズビアン・バイセクシュアル・トランスジェンダーの女性、移住してきた女性です。また、その女性たちが差別や困難を経験する場面として、保健衛生、教育、雇用へのアクセスや公的活動への参加などがあげられています。審議の過程でも、日本の身分制度や先住民・植民地住民の同化政策といった歴史的な事実への認識が低いことに懸念が示されました。また、複合差別を意識した統計データがないことや、属性や特徴ごとのデータそのものが不足していることにも対応が求められています。

また個別課題として、複合差別の解消に向けて取り組むべき措置などがいくつも勧告されています。たとえば、差別的法律や慣行を撤廃するために必要な措置として、複合差別を禁止する法律の制定やハラスメント・暴力からの保護の制度化が要請されました。また、少数民族や先住民の女性、障害のある女性を対象とした暫定的特別措置を実施することや、アイヌ女性、被差別部落の女性、在日コリアンの女性、移住してきた女性などへの憎悪《ぞうお》扇動《せんどう》や憎悪表現の禁止や制裁、それらの人々への偏見解消のための独立専門機関による監視も求められています。

さらに、移住してきた女性が暴力被害を通報したり、シェルターを利用できるようにすること、

DV防止法をあらゆる形態の家族に適用するよう勧告をうけました。他にも、障害のある女性やアイヌ女性、被差別部落や在日コリアンの女性が意思決定過程に参画できるようにすることや、奨学金を含めた教育サービスへのアクセスの確保、いじめや憎悪への対策などが要請されています。雇用については、性別だけでなく、民族や障害などの区別もあわせた複合的な統計データの収集も求められています。

複合差別を解消するために

複合差別を解消するために、日本政府は女性差別撤廃委員会からたくさんの具体的な勧告を提示されました。複合差別を禁止する法律の制定、不利な立場にある女性の視点を反映した意思決定や政策の実現、属性や特徴ごとの実態調査やデータの収集など、内容は多岐にわたります。もちろん、すべてを一気に実現するのは難しいかもしれません。ただし、これだけ多くの具体的な取り組みが示されていれば、実現できることも少なくないはずです。（谷口洋幸）

参考文献

社団法人北海道ウタリ協会札幌支部他編『立ち上がりつながるマイノリティ女性――アイヌ女性・部落

女性・在日朝鮮人女性によるアンケート調査報告と提言』(現代世界と人権21)解放出版社、二〇〇七年
IMADR-JCマイノリティ女性に対する複合差別プロジェクトチーム編『マイノリティ女性の視点を政策に！社会に！――女性差別撤廃委員会日本報告書審査を通して』(現代世界と人権17)解放出版社、二〇〇三年
上野千鶴子「複合差別論」井上俊他編『差別と共生の社会学』(岩波講座現代社会学15)岩波書店、一九九六年

コラム 12

「私たち抜きに私たちのことを決めないで！」

国連に響いた声

「私は女性で、言語障害がある障害者です。そんな私に、あなたはどう生きていきたいの、と聞いてくれる人はいませんでした。でも私は自分の人生を生きることをあきらめない。私たち抜きに私たちのことを決めないで！」

二〇一六年二月、国連女性差別撤廃委員会の開かれたジュネーブで、日本レポート審議の場に傍聴団の一人として参加した車いすに乗った言語障害のある女性が、委員を前に、そう発言しました。

「私たち抜きに私たちのことを決めないで！（Nothing about us without us!）」。この言葉は、二〇〇六年一二月に国連で採択された障害者権利条約がつくられる中で、くり返し使われた合言葉です。日本も、二〇一四年に、この条約を批准しました。

障害のある人たちには、社会のなかで〝一人前の人〟として扱われてこなかった長い歴史があります。例えば車いすに乗っていたり、言語障害があったり、知的障害があったり、目が見えなかったり、耳が聞こえなかったりすると、周囲の人たちは、その人を一人前の人として扱おうとはせず、一人の人として扱ってほしいという本人の意思は置き去りにされてきたのです。「私たち抜きに私たちのことを決めないで！」という言葉には、本人の意思が置き去りにされてきたという共通の経験をもつ人たちの、自分の人生は自分自身が主人公となって生きていくんだ、という強い思いが込められているのです。

障害のない人と平等に生きていく権利

障害者権利条約は、世界各国から、さまざまな障害のある当事者が参加して議論する中でつくられました。条約は、障害のある人たちには、障害のない人と平等に、当たり前に生きていく権利があり、そのために社会のなかにあるさまざまな「壁」を、取り払っていく必要がある、と定めました。

さまざまな「壁」とは、例えば、車いすでは利用できない階段や建物の段差のことを指します。また、耳が聞こえない人には、音声のみで伝えられる情報が「壁」になります。制度や法律が、障害を理由に社会への参加を拒むこともあります。障害のある人たちは、こうした社会の「壁」によって、障害のない人であれば当たり前にできていることを、できなくさせられてきたのです。

条約は、障害のある人が、社会に参加していくために必要な配慮を受けることは権利であり、それが提供されないことは差別であると規定しました。また条約によって、聴覚障害のある人がコミュニケーションをする際に使う「手話」は、言語であると定義されました。

障害のある女性たちの生きにくさ

もう一つ、重要なこととして、条約が、障害のある女性の課題に注目した点があります。条約は、障害のある女性たちは、障害がありかつ女性であることで、より困難な状況に置かれやすいと述べています。

なかでも、障害のある女性たちに共通しているのが、性的な嫌がらせや被害を受けたという経験です。施設や病院などで、入浴やトイレなどのサポートを受ける際に、嫌な思いやつらい思いをした人は少なくありません。職場で、セクシュアル・ハラスメントを受けたという人もいます。また障害のある女性が妊娠した際に、親や医師などから、障害があるので子どもを産んで育てるのは無理なのではないか、といった否定的な言葉を投げかけられることも続いてきました。

国連の条約は、そうした、障害のある女性に対する暴力や無理解に、社会全体が目を向け、状況を変えていく必要があると規定したのです。

二〇一六年、障害者差別解消法が施行されました。障害のある女性たちが、社会のなかで、一人のかけがえのない個人として、自らの人生の主人公となり、さまざまな人と関わりながら当たり前に生きていける社会を作っていくこと。どのようにしたらそれが実現できるのか。そのことがいま問われています。

（瀬山紀子）

参考文献

東俊裕監修、ＤＰＩ日本会議編『障害者の権利条約でこう変わるＱ＆Ａ』解放出版社、二〇〇七年
安積遊歩『癒しのセクシー・トリップ――わたしは車イスの私が好き！』太郎次郎社、一九九三年

9章 女性差別撤廃条約を私たちのものにする
――実質的な男女平等へ

条約は、締約国に条約の実施を促すメカニズムを定めています

締約国は、女性差別撤廃条約の認める権利の完全な実現のためにすべての必要な措置をとることを約束しています(第二四条)。けれどもこの条約には、国が約束を守らない場合に、罰則、制裁などをもってその実施を強制する規定はありません。その代わりに、国が条約を実施するように監視し、促す仕組みを定めています。その中心となっているのが「国家報告制度」です。

締約国は、四年に一度、条約の実施状況について報告書を作成し、女性差別撤廃委員会による審議のために国連事務総長に提出することを求められています。委員会は、国家の代表ではなく、個人として締約国の間で選ばれる二三人の女性に関わる分野の専門家からなります。その構成には地理的な衡平性《こうへいせい》や異なる文化形態、世界の主たる法体系が反映されるように考慮されます。日本人の委員としては、男女雇用機会均等法制定に力を尽くした元文部大臣の赤松良子さん、そして初めて日本人として委員長になった弁護士の林陽子さんなどがいます。

報告書の審議は、あらかじめ委員会が提示した課題リストに沿って、委員会と締約国との間で質疑応答が行われますが、それは裁判のように白黒を導くのが目的ではなく、あくまで国が条約をよりよく理解し、守るように促すためのいわゆる「建設的対話」がなされます。そして会期の終わりには、報告を行った国ごとに委員会による総括所見と言われる文書が出されます。そこには、それぞれの国の個別の状況に応じて、具体的に肯定できる側面、懸念する側面、勧告が述べられています。例えば日本の第七・八次報告に関する総括所見(二〇一六年)には、肯定的側面として子ども・子育て支援法の制定、懸念する側面として選択議定書を批准する具体的な予定時期について情報提供がないこと、勧告としては女性の結婚適齢を男性と同じ一八歳に引き上げることなどが挙げられています。なお二〇〇六年からは勧告の効果を高めるために、委員会が指定する重要な項目の内二つ以内をフォローアップの対象にして二年以内に追加の情報を文書で提供することになりました。

女性差別撤廃委員会の行っているもう一つの重要な仕事に、「一般勧告」の作成があります。これは総括所見のような国ごとへの対応ではなく、締約国全体に向けた条約上の重要なテーマに関する専門的な立場からの意見と勧告であり、条約の解釈の羅針盤《らしんばん》として条約の発展に貢献してきました。その数は、二〇一八年二月現在三七件あります。例えば「女性の難民としての地位等のジェンダーに関する側面」（一般勧告第三二号）では、難民申請手続きにおいて、女性はたとえ家族の一員であっても、女性固有の立場から夫とは別に独立して申請できるようにするべきだと各国に促しています。

国家機関は条約にどう応じてきたのでしょうか

以上のように、女性差別撤廃委員会は報告制度、一般勧告などを通して締約国が条約に従うように促していますが、果たして日本の国家機関はそれにどう応えてきたでしょうか。

まず立法に関してですが、委員会は「女性差別撤廃委員会と国会議員の関係に関する声明」（二〇一〇年）の中で、国会が条約を履行する上で極めて重要な役割を担っていると述べています。それは国会が立法、予算、行政府の監督という機能を通して、条約の求めることを反映する積極的な手段をとることができるからです。これまで国会は条約を実施するために、男女雇用機会均等法を始めとして、育児・介護休業法、男女共同参画社会基本法、ＤＶ防止法、ストーカー行為等規制法、女性活躍推進法など、男女平等の実現にとって重要な多くの法律をこの世に送り出してきました。

次に行政レベルでは、政府は北京で開かれた一九九五年の第四回世界女性会議前後から、男女共同参画を柱とする社会の形成に力を入れるようになり、一九九九年に制定された男女共同参画社会基本法に基づき、五年ごとに男女共同参画基本計画を策定してきました。そして二〇〇一年には男女共同参画担当大臣を、また内閣府に男女共同参画局を設置しました。その他、国家公務員の女性活躍・ワークライフバランス推進に向けた指針、労働局雇用均等室による均等法に関する必要な指導・援助、厚労省による職場のセクシュアル・ハラスメント防止のための指針などの施策が次々と打ち出されてきました。二〇〇三年には、委員会の最終コメント(後の総括所見)に対する政府としての取り組みの方向性が初めて総合的に検討されました。そして内閣府の男女共同参画会議において、国際規範・基準の国内への取り入れ、浸透を図る決定がなされました。

それでは法を守る上で最後の砦である司法の分野はどうでしょうか。これまでに女性差別を違憲あるいは民法にいう公序良俗(社会の一般秩序や道徳)に反して無効とする裁判所の判例はかなりあります。けれども裁判所が女性差別撤廃条約を援用し、あるいは総括所見や一般勧告に直接言及したことはありません。ところで一九九四年と二〇〇三年の最終コメント中に、間接差別の撤廃のための措置をとるようにとの勧告がありました。程なく二〇〇三年一二月に、大阪高裁が住友電工男女差別賃金訴訟においてコース別雇用を間接差別に当たると認めた和解勧告は、最終コメントに添う司法判断として注目されます。

条約の完全実施を阻む「五つの壁」

このようにしてみると、日本が条約に入ったことで法制度上女性に対する差別的扱いの禁止、男女平等のための制度は、確かに前進してきたといえるでしょう。けれどもいくつかの「壁」が条約の完全実施を阻んでいます。代表的なものとして以下に五つの壁を挙げます。

まず、委員会が出す総括所見および一般勧告の効力の問題です。これらは条約が国内で実施される上で生命線とも言うべきものですが、法的な拘束力はありません。政府は、二〇一六年の日本報告審議の場で、従軍慰安婦問題に関する総括所見において日本の主張が認められなかったことに対して、「遺憾《いかん》の意」を表明しました。別の人権条約機関である拷問禁止委員会による同様の一般勧告について、「従う義務なし」との閣議決定をしました。しかし拘束力がないとしても、それらは権威ある国際人権機関が示す解釈基準として締約国は最大限に誠実に受け止めるべきです。

条約の完全実施を妨げる第二の壁は、条約を本気で実施しようとするポリティカル・ウィル（政治意思）に欠けることです。そのことは、総括所見に同じ内容の勧告が繰り返し登場することにも表れています。例えば二〇一六年の総括所見の内、女性に対する暴力、政治的および公的活動への参加など一〇項目が、二〇〇九年の総括所見にもありました。また、たとえ法制度を作っても、ポリティカル・ウィルに裏打ちされない形式的なものに止まっている限り、実質的な男女平等につながっていきません。

第三は、間接差別という「ガラスの壁」です。間接差別とは、性別以外の事由を要件とする措置であって一見、性中立的な規定、基準に見えながら、他の性の構成員と比較して、一方の性の構成員に相当程度の不利益を与え、しかもそれに合理的理由がないものを指します。その意図は巧妙な一方の性の排除であり、性差別です。ところで間接差別の明確で包括的な定義が国内法にないことがその存在を見えにくくしています。そのため女性を法律上は差別していなくても、実質上の差別、つまり「ガラスの壁」となっている現状が多く見られます。

第四の壁は、条約の自動執行力の問題です。国際条約は日本の憲法によって国内効力が認められています。けれどもそれを裁判の規範としてそのまま用いることができるかどうかは別の問題です。条約が裁判規範として直接適用されるためには、つまり条約に自動執行力が認められるためには、条約の内容が十分に詳細かつ具体的でなくてはなりません。ところが東京高等裁判所は夫婦別姓訴訟において、女性差別撤廃条約は、その文言に照らして直接適用可能性ないし自動執行力がないとの判断を示しました(二〇一四年三月)。条約の自動執行力の有無は、実質的には各国の国内裁判所の判決によって決定されます。そこで裁判所に女性差別撤廃条約違反を訴えても、裁判所にそれに対応する具体的かつ詳細な国内法がないとみなされると取り合ってもらえないのです。

さて五番目に、究極的な問題として、あらゆる差別の背後にある社会に根強く残る定型化された性別役割分担という分厚い壁があります。せっかく法律上、女性の平等が認められても、そうした慣行や人々の意識が、その恩恵を無為にし、実質上の平等の前に立ちはだかっている部分が大きいという現実があります。

どうしたら「壁」を破ることができるでしょうか

次にこれら五つの壁を破る手立てについて考えてみましょう。条約の実施を確保するための報告書の作成、また委員会による総括所見のフォローアップは、基本的に政府が行います。けれども条約の履行は、締約国のすべての国家機関に求められています。そこで条約の実効性を高めるためには、報告書の作成、審議への派遣、そしてフォローアップに政府以外の国家機関もかかわることが望ましいでしょう。委員会も、二〇一〇年の「女性差別撤廃委員会と国会議員の関係に関する声明」の中で、これらの作業に国会を関与させることを奨励し、また国会レベルでジェンダー平等に取り組む国内本部機構を設置、強化することの重要性を表明しています。

次にポリティカル・ウィルの欠如の問題ですが、これを政治の責任にするだけでは前に進みません。市民、NGO自身にも、声を大にしてポリティカル・ウィルの醸成に力を尽くす責任があると思います。その声を日本の津々浦々に響かせれば、時間がかかるかもしれませんが、国を動かす力になることでしょう。

ところで二〇〇六年と二〇一三年の均等法改正で、雇用関係において間接差別の禁止を導入したのは実質上の平等への大きな前進でした。その結果、合理的理由がないにもかかわらず、身長、体重、体力を採用の要件とし、また労働者の募集、採用、昇進、職種の変更の際に転勤要件を設けることが禁じられるようになりました。しかし今後の課題として、雇用以外の分野、例えば社会保障制度や税制なども含むような包摂的な間接差別禁止の定義を設けることが強く望まれます。

さて本条約の自動執行力の有無の問題については、十把《じっぱ》一絡《ひとから》げではなく、個別の条文ごとに判断するべきだとの学説が有力です。しかし日本の裁判所が、条約全体として自動執行力がないとする現状の下では、条約の内容に沿う具体的・個別的な立法をするにしくはないでしょう。二〇一六年の総括所見9項(a)も、「本条約の条文を完全に国内法化すること」を日本政府に要求しています。けれども選挙権・被選挙権において男女は法律上平等ですが、実際上は、女性議員の比率が、一三・七〇％(二〇一八年一月一日現在、IPU)で、世界の国別ランキングで一四〇番目と極端に少ない日本の国会の下では、普通に考えればその実現は前途遼遠《りょうえん》です。第四次男女共同参画基本計画は、二〇二〇年までに女性議員を全体の三〇％とする目標を掲げました。ここで条約第四条一項の暫定的特別措置の出番です。まずは、議員選挙において男女の候補者の数ができる限り均等となることを目指すべきです。「政治分野における男女共同参画推進法」の制定(二〇一八年)は、NGOと議員が超党派で連携して取り組んだ成果といえます。そしてその先には、女性差別撤廃条約に沿った、形式上の平等ではない実質上の平等をもたらす立法が期待できるものと思います。

最後の分厚い壁である固定的な性別役割分担意識は、長年にわたる伝統、慣習等によるところが大きく、法律や制度で簡単に変えられるものではありません。実際上、法律ができても育児休暇をとる男性が少ないのも一例です。その点、教育は、一朝一夕に効果が望めないかもしれませんが、その与える影響には深く、大きいものがあると思います。まずジェンダー・ステレオタイプを助長するような教科書や教材を見直すべきです。またロールモデルとしての両親の役割も世代間の悪循環を絶つ上で重要です。

以上、それぞれの壁に立ち向かう手立てについて述べましたが、そのすべてを破るのに有効な鎚《つち》があります。女性差別撤廃条約選択議定書の定める個人通報制度と調査制度です。個人通報制度は、権利侵害が国内の裁判所で救済されない場合、女性差別撤廃委員会に救済を申し立てることができる制度で、調査制度は、委員会が権利の重大または組織的な侵害があるという情報に対して調査をするものです（選択議定書の解説を参照）。これら二つの制度は条約の実効性を強化、担保するものとして極めて重要です。

けれども日本は未だに批准はおろか署名すらしていません。その理由に政府は長年「司法権の独立の侵害」をあげてきました。しかし三権分立制をとっている世界の他の国々が、個人通報制度と司法権の独立は矛盾するものではないとして議定書を批准しています。二〇一六年の第七・八次報告で、政府は初めて司法権の独立という「看板」を下ろし、受け入れの是非について真剣に検討を進めると述べています。しかし選択議定書の批准を実現するためには私たちの一層の後押しが今後とも必要だと思います。

将来に向けて私たちのできること

最後になりましたが、是非伝えたいことに条約の実施に関するNGOの貢献があります。言うまでもなく女性差別撤廃条約の実施義務は国にあります。一方でNGOは、国家報告書の作成プロセスにおいて政府と協議し、信頼できる情報を委員会に提供し、また政府報告とは別に、独自のオルターナティブ・レポートないしシャドウ・レポートを提出し、また条約の周知普及にも大いに力を発揮してきました。委員会は、条約の履行と推進にNGOとの密接な協力関係が不可欠だと述べています(二〇一〇年の声明)。四度の世界女性会議では、政府代表をはるかに上回る数のNGOが集結し、条約の内容をより具体化し、前進させ、ジェンダー平等への大きなうねりをもたらしました。

二〇一五年に国連総会で採択されたSDGs(持続可能な開発目標)は、二〇三〇年までの「ジェンダー平等の達成」を謳っています(目標5)。そのためにNGO・市民社会が、国連、国際機関、政府、企業等と共にマルチ・ステイク・ホールダーとして協力するというかつてない形をとっています。NGO・市民社会は、女性差別撤廃とジェンダー平等を自らの課題として捉え、実質的な平等の達成に独自の存在価値を発揮できると思います。

(西立野園子)

コラム 13

リーガル・リテラシーを高め、グローバルに羽ばたこう！

リーガル・リテラシーは法識字とも言い、女性の権利を想定した場合、次の三つの要素があります。第一に、女性が、性差別をはじめジェンダーに基づく被害から保護されるべきという期待をもつこと。第二に、女性が、法律上どのような権利をもち、その権利が侵害された場合どのように救済を求めることができるかについて具体的な知識を身につけること。そして第三に、女性の権利保障をめぐって司法制度が不十分な点は何か、それを改善するために何ができるかを知ることです。では、三つの側面を具体的に見ていきましょう。

違和感を社会につなぐ

私たちがジェンダーに基づく差別などの被害を受けたとしましょう。その被害を「不幸な出来事」「よくあること」として見過ごしてしまうのではなく、違和感を持つこと、不当だと感じることが、リーガル・リテラシーの第一歩です。近年、女性の権利に関する意識が高まってきたので、違和感を感じる力を身につけた女性は増えていると思いますが、世の中では「何でもない」「違和感を感じる方が悪い」と思わせる力も働いています。それに対して自分の違和感を信じることはとても大切です。

法律上もっている権利について、具体的な知識を身につけることは、簡単ではありません。でも、一人で頑張らなくてもいいのです。使える情報や支援体制は充実してきています。インターネットで情報を確認できますし（情報の信頼性に注意しましょう）、女性センターやホットライン、法テラスなど、相談できる窓口も増えています。そうした支援を活用することで、訴訟だけでなく、複数の救済策があることもわかってきます。ポイントは、自分の受けた被害を「権利侵害」と認識して対応することです。それにより個人の違和感という「私」の問題が、社会の規範に対する侵害という「公」の問題に普遍化されるからです。これは例えば「暗い夜道を一人で歩くのが悪い」とか「好きで妊娠したんでしょ」など、性犯罪でよく見られる被害者を非難する悪しき傾向を否定し、権利侵害そのものをきちんと問題視することでもあります。

私たちが女性の権利について知識をもつようになると、法律の足りないところ、活用しにくい点などが見えてきます。それに気づき、改善のために何ができるか理解することが第三のリーガル・リテラシーです。法律の不足や不満を改善しようと活動してきた人たちによる努力の結果、日本は女性差別撤廃条約を批准し、男女雇用機会均等法をはじめとする法の制定や改正があり、女性の法的立場は改善されてきました。けれども、まだまだ問題は残っています。

世界を見渡して

今後、女性の権利を改善していくためには、グローバルな視点が欠かせません。例えば、ほとんどの先進国を含む一〇〇カ国以上には国内人権機関が存在します。オーストラリアでは、オーストラリア人権委員会が、連邦法に違反する差別（それには性差別を含みます）を受けた人のために無料で調停プロセスを提供しています。これにより、訴訟に至る前に権利侵害が救済されるケースが多くあります。個人にとっても社会にとっても気持ちのよい状態を保つために必要な制度は何か。グローバルな視点から状況を見ることで多くのヒントが得られます。

リーガル・リテラシーを身につけることは、現代では、世界のどこに行っても欠かせない、最も基本的なことの一つです。「グローバルに羽ばたく」というと、多くの人が語学力を思い浮かべるかもしれません。語学力も大切ですが、自分の問題、そして個々人に起きた問題を社会の中できちんと捉え直す力があってこそ、独立した大人としてグローバルに羽ばたけるのです。皆さんも、リーガル・リテラシーを身につけて、グローバルに羽ばたきましょう。

（クープ・ステファニー）

終章　男女平等の国際基準を活かして、エンパワーメントを！

女性差別撤廃条約、人権、男女平等を学んで

これまでの各章とコラムを読み、多様な人びとの人権を守る女性差別撤廃条約、そして男女平等(ジェンダー平等)の現状や課題について理解を深めることができましたか。

この章では、女性差別撤廃条約を基に、国連の第四回世界女性会議(一九九五年、北京で開催)で採択された「北京行動綱領」に注目して学び、女性、少女、一人ひとりのエンパワーメントの意味を考えます。また身近なところから条約と男女平等の国際基準を活かす道を探ります。

女性差別撤廃条約は、性による差別をなくし、ジェンダー平等を実現する上で欠かせないグローバルな法規範です。「あなたと私」の多様な生き方や人権を守るために、実質的な男女平等達成の支柱となる条約と国際基準の価値や実効性を高めるさまざまな試みは、いまも国内外で弛《たゆ》みなく続けられています。

「みんなちがって、みんないい」

本題に入る前に、一人ひとりの「あなたと私」についてイメージするため、二〇世紀初頭の二十数年を生き抜いた詩人、金子みすゞの詩『私と小鳥と鈴と』を思い起こしましょう。二〇歳になったみすゞは、当時「一番新しい詩」といわれた童謡詩を書きはじめ、雑誌『童話』や『婦人倶楽部』(共に一九二〇年創刊)などに熱心に詩作の投稿を重ねました。やがてそれらが高く評価され「若き童謡詩人の中の巨星」とも評されるようになりましたが、二六歳の若さで亡くなりました。その詩作は長年忘れ去られていましたが、半世紀ぶりに一人の詩人の努力により甦りました。

みすゞの詩を発掘した矢崎節夫さん(詩人、金子みすゞ記念館館長)は、大学時代(一九六六年)にみすゞの詩『大漁』に出会い感動し、一九八四年に全集を出版するなどして作品を広めました。いま、みすゞの詩は、世界一〇カ国以上のことばに訳され読まれています。国内外で愛されてきたみすゞの詩の一つが『私と小鳥と鈴と』です。

私が両手をひろげても、お空はちっとも飛べないが、飛べる小鳥は私のように、地面《じべた》を速くは走れない。/私がからだをゆすっても、きれいな音は出ないけど、あの鳴る鈴は私のように、たくさんな唄は知らないよ。／鈴と、小鳥と、それから私、みんなちがって、みんないい。

この詩に続く解説で矢崎さんは、「〔みんなちがって、みんないい。〕／どれほど多くの人が、このことばによって元気をもらい、はげまされたことでしょう」と述べます。一方で、詩のいちばん大事なところは、「鈴と、小鳥と、それから私、」なのだと指摘します。ここで、題名の『私と小鳥と鈴と』と、「私の位置がひっくり返って、（中略）〝あなたと私〟になったとき、初めて、〔みんなちがって、みんないい。〕という、うれしいことばが成りたつのです」と。そして「二十一世紀、このことばがきちんと世界の人にとどけば、戦争はもちろん、飢餓で亡くなる人もいない世紀になるでしょう」と結んでいます（矢崎節夫他編『日本語を味わう名詩入門2 金子みすゞ』二〇一一年）。

矢崎さんの指摘は重要です。二一世紀の世界に広がる幾多の困難を乗り越えて、男女平等、そして多様な性の平等を実現するには、みすゞが目指したように、異なる「あなたと私」が偏見を取り除き、心を開き「対話」を重ね、実質的男女平等の精神を結晶させた条約と国際基準を活かしていくことが近道になるからです。

北京行動綱領――女性・少女のエンパワーメントに向けて

一九八〇年代以降、各国による女性差別撤廃条約の批准が進み、女性の地位向上と権利の強化を求める声が高まるなかで、一九八五年の第三回世界女性会議を経て、一九九五年に第四回世界女性会議が北京で開催されました。会議では、「女性の権利は人権である」を合言葉に、一九九〇年代に世界の女性たちが参画して、展望を拓いた多くの実践や議論の成果が集大成され、北京行動綱領が採択されました。行動綱領は、ジェンダー平等と女性のエンパワーメント実現への新しい頁を開く画期的な国際合意文書となり、今日まで女性差別撤廃条約と「車の両輪」として活用されています。

行動綱領は、「女性のエンパワーメントのためのアジェンダ(議題)である」という言葉で始まります。行動綱領にいう「パワー」(power)とは何でしょう。それは、権力、金力、暴力などで他者を支配する力とは正反対の、一人ひとりの個人が生きていくための「潜在能力」、そして各種の意思決定過程に参加/参画するために必要な「参加/参画力」を意味します。行動綱領は力を削がれてきた女性たちのエンパワーメント(empowerment)、つまり女性たちが自分のことを自分で決めながら生きる力をつける(回復する)ことが、平和で公正なジェンダー平等の世界の創出に不可欠である、とする重要な国際的合意を明記しました。

行動綱領でエンパワーメントという能動的なことばが、ジェンダー平等達成への戦略的キーワードになったのはなぜでしょう。それは、長年、政治、経済、社会、文化の主流から取り残されてきた女性たちが自らの力を自覚し、あらゆる分野に参加／参画することこそが、地球社会の持続的な発展の鍵になるとの理解と合意を、国連、各国政府、NGOが共有した結果なのです。

途上国の女性たちの実践から提起され、女性差別撤廃条約の理念と内容を体現したこのエンパワーメント・アプローチは、当事者が、置かれた状況や問題を把握し、発言し、生活や状況を改善し、社会を変革する力を高めることを目指します。「下から上へ」ボトムアップするエンパワーメントは、一人ひとりが人間として備えている生きる力、つまり「生命」「生活」「人生」への潜在能力やリソース（資源）を最大限活用できるようになることを目指します。そのため、この力を引き出す家族、仕事、地域生活上のさまざまなサポート（支援）や市民活動のネットワーキングなど、信頼や連帯に裏打ちされた「社会関係」を有効に活用することが重要です。

行動綱領は六章、三六一項目で構成され、優先的に取り組むべき一二の重大問題領域の内容と戦略目標、行動指針を明記しています。その領域とは、①女性と貧困、②女性の教育と訓練、

③女性と健康、④女性に対する暴力、⑤女性と武力紛争、⑥女性と経済、⑦権力及び意思決定における女性、⑧女性の地位向上のための制度的な仕組み、⑨女性の人権、⑩女性とメディア、⑪女性と環境、⑫少女(女児、女の子)です。

最初に掲げたのは、「貧困の女性化」の解消です(世界の貧困層の七割以上が女性)。また女性の教育・訓練の促進、性と生殖への健康と権利、性暴力(ジェンダーに基づく女性に対する暴力)の根絶についても詳細に提言しています。少女の権利促進の項目も新たに設け、女性の人権促進に向けては、女性差別撤廃条約の批准・履行やリーガル・リテラシー(法識字、法的エンパワーメント)の強化を提起しました。さらに女性の経済的・政治的エンパワーメントのためのポジティブ・アクション(クオータ制等の暫定的特別措置)の活用や、政府による女性の地位向上のための法的・制度的な仕組みの整備・強化を要請しています。

行動綱領はこのように、社会の差別的なジェンダー構造の変革を目指す戦略目標と政策、具体的プログラムを包括的に示しています。そして多様な「あなたと私」の対話の土台となるエンパワーメント・アプローチを奨励し、女性差別撤廃条約の理念と内容を課題解決に活かす処《しよ》方箋《ほうせん》を示し、ジェンダー平等実現のための重要な国際的ガイドラインとなりました。女性の人権を守る国際法規範・基準としての条約と行動綱領は、相互に補強しあい、あらゆる形態の女性に対する差別をなくし、「あなたと私」が自由に能力を発揮できる社会の実現に欠かせない「世界標準の羅針盤」として、世界のジェンダー平等の歩みを加速してきました。みなさんも、女性差別撤廃条約を学び、北京行動綱領を読み、身近な課題の解決に役立ててください。

男女間の不平等を終わらせるために

北京会議から二〇周年の二〇一五年を前に、「ジェンダー平等と女性のエンパワーメントのための国連機関」として二〇一一年に発足した「国連ウィメン」は、「北京＋20」のキャンペーンを開始しました(二〇一四年五月)。テーマは、「女性のエンパワーメント、一人ひとりのエンパワーメント、思い描いてみよう！」です。そして一九九五年以降「世界各地で大きな進歩があったが、行動綱領に描かれている、人生のあらゆる場面でジェンダー平等が実現する日を迎えるには、まだ多くの問題が残っている」と訴えました(国連ウィメン日本協会「国連ウィメン・キャンペーン・パンフレット」二〇一五年より)。

では国連ウィメンは、世界のジェンダー平等の進展をどう評価しているでしょうか。国連ウィメン代表は、行動綱領がこの間、ジェンダー平等実現(ジェンダー主流化)の最も重要な政府間の合意文書として、女性たちの闘いの中にしっかり根を下ろし、各国では法律上の差別撤廃、女性・少女への暴力根絶、少女の初等・中等教育へのアクセスの向上、女性の避妊へのアクセスの目覚ましい進歩などに向けて、確かな前進があったとしました。

一方、各国の現況については、ジェンダー主流化の推進に「停滞や後退」があると指摘しています。なぜなら、多くの女性にきちんとした仕事がないこと、昇進・賃金格差などで女性差別がなくならないこと、家事や育児・介護等のアンペイドワークが女性に集中する状況、女性・少女が人種、民族、障害、性的指向・性自認など複数の要因による差別(複合差別・交差差別)に苦しんでいること、法律上特に家族法などで多くの差別規定が存続していることが、明らかになっているからです。また、世界の各地で紛争の激化や格差の拡大などによる極端主義、過激主義、女性の権利への反動的動向(バックラッシュ)が、ジェンダー平等への新たな脅威になっていること、根強く残っている差別的な規範、有害な慣行、役割の固定化、偏見、暴力などが、女性の権利確立の妨げになっていることを深く憂慮しています。

これら世界的に広がる不安定要因を取り除き、女性の人権を脅かす課題を解決するには、各国政府の積極的対応が求められます。日本の現状をみても、「貧困」「ジェンダー平等」への取り組みでの国際的評価は低く、とりわけ政治・経済分野での大きな男女不平等の解消に早急な対応が必要です。

そこで国連ウィメンは、ジェンダー平等と女性のエンパワーメントを進めるための五つの「緊急に行動が必要な課題」を挙げました。それらは、①差別的な社会規範やジェンダーに基づく役割固定化の改善、②経済分野でのジェンダー平等と持続的開発の達成、③女性の意思決定への参画の確保、④ジェンダー平等への応分の投資、⑤ジェンダー平等への政府の説明責任の強化による女性・少女の人権の実現です。

これらを含むグローバルな新指針が「持続可能な開発目標」、ＳＤＧｓ（二〇一五年、国連総会で採択、コラム③参照）です。それに合わせキャンペーン「地球を五〇：五〇に――ジェンダー平等を加速させよう！」が提起されました。国連は、ジェンダー平等達成の指針として「二〇三〇年までに男女同数（パリテ）！」を明確な目標に掲げたのです。行動綱領が「男女同数」まで踏み込めなかったことを想い起こし、ジェンダー平等への国際社会の議論と合意が進んだことに大きな希望を感じます。文化、宗教、慣行、貧困等を理由にした不平等を終わらせるために、女性だけでなく男性、多様な性、マイノリティそして若い世代など様々な主体（アクター）が関与して「停滞や後退」を跳ねのけ、難題に取り組む行動と連帯が求められています。

ではよいでしょう。まずは「あなたと私」の対話、ことばのキャッチボールから始めてはいかがでしょう（暉峻淑子『対話する社会へ』二〇一七年）。「あなたと私」というと、学校などの同性・異性・多様な性の友人、仲間、先輩、先生を思い浮かべますか。父、母、兄弟姉妹、祖父母、地域の人などでしょうか。そこに外国籍の人、障害をもつ人、マイノリティの人（民族的・性的少数者等）など、様々な個性やルーツをもつ「あなたと私」がいますか。多様性の尊重は、二一世紀が共有する大切な基本的価値です。みなさんも、そうした人との交流と対話から「楽しい発見」を重ねてエンパワーしてください。その折にこの本で学んだこと、各章、コラムなどの身近なテーマを糸口に話してみましょう。

では、女性差別撤廃条約と男女平等の国際基準を身近なところから活かすにはどうすれば

■「あなたと私」の対話から――条約と男女平等の国際基準を活かす

世界中でＳＤＧｓが目指す大きなテーマは、「誰一人取り残さない社会づくり」、平等で平和な二一世紀の実現です。国連では建設的対話と議論が続いています。議論の始まりは「小さな場所」での対話です。多くの課題の解決に向けて、身近なところから小さな対話の輪が広がれば、「対話する社会へ」の確かなみちが見えてくるでしょう。

矢崎さんは、みすゞが夫から詩作を禁じられ、性病をうつされ、離婚し、愛娘とも暮らせな

くなり自死した理由についてこう述べています。「みすゞさんが生きた時代、まだ男尊女卑の時代でした。法律では子どもに対する親の権利、親権は父親だけのものでした。たとえ、父親である夫が原因で離婚しても、子どもは父親に属したのです。どんなに我が子で心をいっぱいにしていても、母親は子どもと暮らせない時代でした。みすゞさんはこれを否としたのです」と。

日本国憲法、世界人権宣言、そして女性差別撤廃条約を手にした私たちは、みすゞが生きた時代に比べて、よりよい時代に生きています。課題は山積みですが未来への希望があります。

最後にみすゞの詩『このみち』を記します。

このみちのさきには、大きな森があろうよ。ひとりぼっちの榎《えのき》よ、このみちをゆこうよ。／このみちのさきには、おおきな海があろうよ。蓮池《はすいけ》のかえろよ、このみちをゆこうよ。／このみちのさきには、大きな都があろうよ。さびしそうな案山子《かかし》よ、このみちを行こうよ。／このみちのさきには、なにかなにかあろうよ。みんなでみんなで行こうよ、このみちをゆこうよ。（矢崎節夫他編『日本語を味わう名詩入門２　金子みすゞ』二〇一一年）

「あなたと私」の対話の先にも、彩り豊かな未来へのみち、思慮深い言葉、気づかうことばがこだまし合う「大きな森」、「おおきな海」、「大きな都」があるのではと、「楽しい対話の冒険」への想いを新たにしています。

（矢澤澄子）

参考文献

暉峻淑子『対話する社会へ』岩波新書、二〇一七年
矢崎節夫・萩原昌好編『日本語を味わう名詩入門2　金子みすゞ』あすなろ書房、二〇一一年
矢崎節夫監修『金子みすゞの一一〇年』ＪＵＬＡ出版局、二〇一三年
矢澤澄子「女性のエンパワーメントとジェンダー平等――国連「北京＋20」の節目に」『ＮＷＥＣ実践研究』第6号、国立女性教育会館編、二〇一六年（電子版有、同館ＨＰ参照）

執筆者一覧（執筆順）

序章　**山下泰子**（やました・やすこ）　文京学院大学名誉教授（監修者）

コラム1　**阿部浩己**（あべ・こうき）　明治学院大学国際学部教授

1章　**林陽子**（はやし・ようこ）　弁護士、国連女性差別撤廃委員会前委員長

コラム2　**渡辺美穂**（わたなべ・みほ）　国立女性教育会館研究員

コラム3・10　**堀内光子**（ほりうち・みつこ）　（公財）アジア女性交流・研究フォーラム理事長

2章　**糠塚康江**（ぬかつか・やすえ）　東北大学名誉教授

コラム4　**三浦まり**（みうら・まり）　上智大学法学部教授

3章　**武田万里子**（たけだ・まりこ）　津田塾大学学芸学部教授

コラム5　**松本泰子**（まつもと・たいこ）　ガールスカウト日本連盟元役員（編集委員）

4章　**浅倉むつ子**（あさくら・むつこ）　早稲田大学名誉教授

コラム6　**加藤登紀子**（かとう・ときこ）　世界女性会議ロビイングネットワーク世話人

コラム7・映像資料　**堀口悦子**（ほりぐち・えつこ）　明治大学情報コミュニケーション学部准教授

5章　**大谷美紀子**（おおたに・みきこ）　弁護士、国連子どもの権利委員会委員

コラム8　柏原恭子（かしはら・きょうこ）　自動車メーカー勤務
6章　近江美保（おうみ・みほ）　神奈川大学法学部教授
コラム9・図解　石崎節子（いしざき・せつこ）　練馬区立男女共同参画センター勤務（編集委員）
7章　谷口真由美（たにぐち・まゆみ）　元・大阪国際大学グローバルビジネス学部准教授
コラム11　髙岡日出子（たかおか・ひでこ）　月刊『食べもの通信』編集委員
8章　谷口洋幸（たにぐち・ひろゆき）　金沢大学国際基幹教育院准教授
コラム12　瀬山紀子（せやま・のりこ）　DPI女性障害者ネットワークメンバー
9章　西立野園子（にしたての・そのこ）　東京外国語大学名誉教授
コラム13　クープ・ステファニー　青山学院大学法学部准教授
終章　矢澤澄子（やざわ・すみこ）　東京女子大学元教授（監修者）
インターネット検索の方法　軽部恵子（かるべ・けいこ）　桃山学院大学法学部教授
参考図書・資料　有澤知子（ありさわ・ともこ）　大阪学院大学法学部教授
条約・議定書解説　川眞田嘉壽子（かわまた・かずこ）　立正大学法学部教授

924 過労死しない働き方
―働くリアルを考える
川人 博
過労死や過労自殺に追い込まれる若い人を、どうしたら救えるのか。よりよい働き方・職場のあり方を実例をもとに提案する。

925 障害者とともに働く
藤井克徳
星川安之
「障害のある人の労働」をテーマに様々な企業の事例を紹介。誰もが安心して働ける社会のあり方を考えます。

926 人は見た目！と言うけれど
―私の顔で、自分らしく
外川浩子
見た目が気になる、すべての人へ！「見た目問題」当事者たちの体験などさまざまな視点から、見た目と生き方を問いなおす。

927 地域学をはじめよう
山下祐介
地域固有の歴史や文化等を知ることで、自分・社会・未来が見えてくる。時間と空間を往来しながら、地域学の魅力を伝える。

928 自分を励ます英語名言101
小池直己
佐藤誠司
自分に勇気を与え、励ましてくれるさまざまな先人たちの名句名言に触れながら、自然に英文法の知識が身につく英語学習入門。

929 女の子はどう生きるか
―教えて、上野先生！
上野千鶴子
女の子たちが日常的に抱く疑問やモヤモヤに、上野先生が全力で答えます。自分らしい選択をする力を身につけるための1冊。

918 議会制民主主義の活かし方 ―未来を選ぶために 糠塚康江

私達は忘れている。未来は選べるということを。必要なのは議会制民主主義を理解し、使いこなす力を持つこと、と著者は説く。

919 繊細すぎてしんどいあなたへ HSP相談室 串崎真志

繊細すぎる性格を長所としていかに活かすかをアドバイス。「繊細でよかった！」読後にそう思えてくる一冊。

920 10代から考える生き方選び 竹信三恵子

10代にとって最適な人生の選択とは？ 各選択肢が孕むメリットやリスクを俯瞰しながら、生き延びる方法をアドバイスする。

921 一人で思う、二人で語る、みんなで考える ―実践！ ロジコミ・メソッド 追手門学院大学成熟社会研究所 編

課題解決に役立つアクティブラーニングの道具箱。多様な意見の中から結論を導くロジカルコミュニケーションの方法を解説。

922 できちゃいました！ フツーの学校 富士晴英とゆかいな仲間たち

生徒の自己肯定感を高め、主体的に学ぶ場を作ろう。校長からのメッセージは「失敗OK！」「さあ、やってみよう」

923 こころと身体の心理学 山口真美

金縛り、夢、絶対音感――。様々な事例をもとに第一線の科学者が自身の病とも向き合って解説した、今を生きるための身体論。

岩波ジュニア新書の発足に際して

きみたち若い世代は人生の出発点に立っています。きみたちの未来は大きな可能性に満ち、陽春の日のようにひかり輝いています。勉学に体力づくりに、明るくはつらつとした日々を送っていることでしょう。

しかしながら、現代の社会は、また、さまざまな矛盾をはらんでいます。営々として築かれた人類の歴史のなかで、幾千億の先達《せんだつ》たちの英知と努力によって、未知が究明され、人類の進歩がもたらされ、大きく文化として蓄積されてきました。にもかかわらず現代は、核戦争による人類絶滅の危機、貧富の差をはじめとするさまざまな人間的不平等、社会と科学の発展が一方においてもたらした環境の破壊、エネルギーや食糧問題の不安等々、来るべき二十一世紀を前にして、解決を迫られているたくさんの大きな課題がひしめいています。現実の世界はきわめて厳しく、人類の平和と発展のためには、きみたちの新しい英知と真摯《しんし》な努力が切実に必要とされています。

きみたちの前途には、こうした人類の明日の運命が託されています。ですから、たとえば現在の学校で生じているささいな「学力」の差、あるいは家庭環境などによる条件の違いにとらわれて、自分の将来を見限ったりはしないでほしいと思います。個々人の能力とか才能は、いつどこで開花するか計り知れないものがありますし、努力と鍛練の積み重ねの上にこそ切り開かれるものですから、簡単に可能性を放棄したり、容易に「現実」と妥協したりすることのないようにと願っています。

わたしたちは、これから人生を歩むきみたちが、生きることのほんとうの意味を問い、大きく明日をひらくことを心から期待して、ここに新たに岩波ジュニア新書を創刊します。現実に立ち向かうために必要とする知性、豊かな感性と想像力を、きみたちが自らのなかに育てるのに役立ててもらえるよう、すぐれた執筆者による適切な話題を、豊富な写真や挿絵とともに書き下ろしで提供します。若い世代の良き話し相手として、このシリーズを注目してください。わたしたちもまた、きみたちの明日に刮目《かつもく》しています。（一九七九年六月）

山下泰子
中央大学大学院法学研究科博士課程満期退学．博士(法学)．文京学院大学名誉教授．ジェンダー法学会元理事長．国際女性の地位協会共同代表．

矢澤澄子
東京大学大学院社会学研究科博士課程満期退学．横浜市立大学・東京女子大学元教授(社会学・女性学専攻)．国際女性の地位協会共同代表．

国際女性の地位協会
女性差別撤廃条約の研究・普及を目的として，1987年に設立されたNGO．1998年，国連経済社会理事会の協議資格を取得．シンポジウムや研究会の開催，国連会議の傍聴，年報『国際女性』や研究書の刊行などをおこなっている．現在，会員180名．

男女平等はどこまで進んだか
—女性差別撤廃条約から考える　　岩波ジュニア新書 874

2018年6月20日　第1刷発行
2021年2月15日　第3刷発行

監修者　山下泰子《やましたやすこ》・矢澤澄子《やざわすみこ》

編　者　国際女性の地位協会

発行者　岡本　厚

発行所　株式会社 岩波書店
〒101-8002 東京都千代田区一ツ橋 2-5-5

案内 03-5210-4000　営業部 03-5210-4111
ジュニア新書編集部 03-5210-4065
https://www.iwanami.co.jp/

印刷製本・法令印刷　カバー・精興社

ISBN 978-4-00-500874-2　　Printed in Japan

対訳　女性差別撤廃条約

正文(英語)と公定訳(女子に対するあらゆる形態の差別の撤廃に関する条約)

採　　択	1979年12月18日(第34回国連総会)
効力発生	1981年9月3日
日 本 国	1985年7月1日公布(条約7号) 1985年7月25日効力発生

女性差別撤廃条約は，第30条の規定どおり，アラビア語，中国語，英語，フランス語，ロシア語およびスペイン語を正文としています．ここでは，英語による正文と，日本政府が翻訳し国会で承認された日本語訳(公定訳)とを，比較しやすいように対訳の形で掲載しました．

英文／Convention on the Elimination of All Forms of Discrimination against Women

PREAMBLE

The States Parties to the present Convention,

Noting that the Charter of the United Nations reaffirms faith in fundamental human rights, in the dignity and worth of the human person and in the equal rights of men and women,

Noting that the Universal Declaration of Human Rights affirms the principle of the inadmissibility of discrimination and proclaims that all human beings are born free and equal in dignity and rights and that everyone is entitled to all the rights and freedoms set forth therein, without distinction of any kind, including distinction based on sex,

Noting that the States Parties to the International Covenants on Human Rights have the obligation to ensure the equal right of men and women to enjoy all economic, social, cultural, civil and political rights,

Considering the international conventions concluded under the auspices of the United Nations and the specialized agencies promoting equality of rights of men and women,

Noting also the resolutions, declarations and recommendations adopted by the United Nations and the specialized agencies promoting equality of rights of men and women,

Concerned, however, that despite these various instruments extensive discrimination against women continues to exist,

Recalling that discrimination against women violates the principles of equality of rights and respect for human dignity, is an obstacle to the participation of women, on equal terms with men, in the political, social, economic and cultural life of their countries, hampers the growth of the prosperity of society and the family and

公定訳／女子に対するあらゆる形態の差別の撤廃に関する条約

前　文

この条約の締約国は，

国際連合憲章が基本的人権，人間の尊厳及び価値並びに男女の権利の平等に関する信念を改めて確認していることに留意し，

世界人権宣言が，差別は容認することができないものであるとの原則を確認していること，並びにすべての人間は生れながらにして自由であり，かつ，尊厳及び権利について平等であること並びにすべての人は性による差別その他のいかなる差別もなしに同宣言に掲げるすべての権利及び自由を享有することができることを宣明していることに留意し，

人権に関する国際規約の締約国がすべての経済的，社会的，文化的，市民的及び政治的権利の享有について男女に平等の権利を確保する義務を負っていることに留意し，

国際連合及び専門機関の主催の下に各国が締結した男女の権利の平等を促進するための国際条約を考慮し，

更に，国際連合及び専門機関が採択した男女の権利の平等を促進するための決議，宣言及び勧告に留意し，

しかしながら，これらの種々の文書にもかかわらず女子に対する差別が依然として広範に存在していることを憂慮し，

女子に対する差別は，権利の平等の原則及び人間の尊厳の尊重の原則に反するものであり，女子が男子と平等の条件で自国の政治的，社会的，経済的及び文化的活動に参加する上で障害となるものであり，社会及び家族の繁栄の増進を阻害するものであり，また，女子の潜在能力を自国及び人類に役立てるために完全に開発することを一層困難

makes more difficult the full development of the potentialities of women in the service of their countries and of humanity,

Concerned that in situations of poverty women have the least access to food, health, education, training and opportunities for employment and other needs,

Convinced that the establishment of the new international economic order based on equity and justice will contribute significantly towards the promotion of equality between men and women,

Emphasizing that the eradication of *apartheid,* all forms of racism, racial discrimination, colonialism, neocolonialism, aggression, foreign occupation and domination and interference in the internal affairs of States is essential to the full enjoyment of the rights of men and women,

Affirming that the strengthening of international peace and security, the relaxation of international tension, mutual co-operation among all States irrespective of their social and economic systems, general and complete disarmament, in particular nuclear disarmament under strict and effective international control, the affirmation of the principles of justice, equality and mutual benefit in relations among countries and the realization of the right of peoples under alien and colonial domination and foreign occupation to self-determination and independence, as well as respect for national sovereignty and territorial integrity, will promote social progress and development and as a consequence will contribute to the attainment of full equality between men and women,

Convinced that the full and complete development of a country, the welfare of the world and the cause of peace require the maximum participation of women on equal terms with men in all fields,

Bearing in mind the great contribution of women to the welfare of the family and to the development of society, so far not fully recognized, the social significance of maternity and the role of both parents in the family and in the upbringing of children, and aware that the role of women in procreation should not be a basis for discrimi-

にするものであることを想起し,

窮乏の状況においては,女子が食糧,健康,教育,雇用のための訓練及び機会並びに他の必要とするものを享受する機会が最も少ないことを憂慮し,

衡平及び正義に基づく新たな国際経済秩序の確立が男女の平等の促進に大きく貢献することを確信し,

アパルトヘイト,あらゆる形態の人種主義,人種差別,植民地主義,新植民地主義,侵略,外国による占領及び支配並びに内政干渉の根絶が男女の権利の完全な享有に不可欠であることを強調し,

国際の平和及び安全を強化し,国際緊張を緩和し,すべての国(社会体制及び経済体制のいかんを問わない.)の間で相互に協力し,全面的かつ完全な軍備縮小を達成し,特に厳重かつ効果的な国際管理の下での核軍備の縮小を達成し,諸国間の関係における正義,平等及び互恵の原則を確認し,外国の支配の下,植民地支配の下又は外国の占領の下にある人民の自決の権利及び人民の独立の権利を実現し並びに国の主権及び領土保全を尊重することが,社会の進歩及び発展を促進し,ひいては,男女の完全な平等の達成に貢献することを確認し,

国の完全な発展,世界の福祉及び理想とする平和は,あらゆる分野において女子が男子と平等の条件で最大限に参加することを必要としていることを確信し,

家族の福祉及び社会の発展に対する従来完全には認められていなかった女子の大きな貢献,母性の社会的重要性並びに家庭及び子の養育における両親の役割に留意し,また,出産における女子の役割が差別の根拠となるべきではなく,子の養育には男女及び社会全体が共に責任を負うことが必要であることを認識し,

nation but that the upbringing of children requires a sharing of responsibility between men and women and society as a whole,

Aware that a change in the traditional role of men as well as the role of women in society and in the family is needed to achieve full equality between men and women,

Determined to implement the principles set forth in the Declaration on the Elimination of Discrimination against Women and, for that purpose, to adopt the measures required for the elimination of such discrimination in all its forms and manifestations,

Have agreed on the following:

PART I

Article 1

For the purposes of the present Convention, the term "discrimination against women" shall mean any distinction, exclusion or restriction made on the basis of sex which has the effect or purpose of impairing or nullifying the recognition, enjoyment or exercise by women, irrespective of their marital status, on a basis of equality of men and women, of human rights and fundamental freedoms in the political, economic, social, cultural, civil or any other field.

Article 2

States Parties condemn discrimination against women in all its forms, agree to pursue by all appropriate means and without delay a policy of eliminating discrimination against women and, to this end, undertake:

(*a*) To embody the principle of the equality of men and women in their national constitutions or other appropriate legislation if not yet incorporated therein and to ensure, through law and other appropriate means, the practical realization of this principle;

(*b*) To adopt appropriate legislative and other measures, including sanctions where appropriate, prohibiting all discrimination

社会及び家庭における男子の伝統的役割を女子の役割とともに変更することが男女の完全な平等の達成に必要であることを認識し，

女子に対する差別の撤廃に関する宣言に掲げられている諸原則を実施すること及びこのために女子に対するあらゆる形態の差別を撤廃するための必要な措置をとることを決意して，

次のとおり協定した．

第 1 部

第 1 条 【女子差別の定義】

この条約の適用上，「女子に対する差別」とは，性に基づく区別，排除又は制限であつて，政治的，経済的，社会的，文化的，市民的その他のいかなる分野においても，女子(婚姻をしているかいないかを問わない.)が男女の平等を基礎として人権及び基本的自由を認識し，享有し又は行使することを害し又は無効にする効果又は目的を有するものをいう．

第 2 条 【締約国の差別撤廃義務】

締約国は，女子に対するあらゆる形態の差別を非難し，女子に対する差別を撤廃する政策をすべての適当な手段により，かつ，遅滞なく追求することに合意し，及びこのため次のことを約束する．

(a) 男女の平等の原則が自国の憲法その他の適当な法令に組み入れられていない場合にはこれを定め，かつ，男女の平等の原則の実際的な実現を法律その他の適当な手段により確保すること．

(b) 女子に対するすべての差別を禁止する適当な立法その他の措置(適当な場合には制裁を含む.)をとること．

against women;

(*c*) To establish legal protection of the rights of women on an equal basis with men and to ensure through competent national tribunals and other public institutions the effective protection of women against any act of discrimination;

(*d*) To refrain from engaging in any act or practice of discrimination against women and to ensure that public authorities and institutions shall act in conformity with this obligation;

(*e*) To take all appropriate measures to eliminate discrimination against women by any person, organization or enterprise;

(*f*) To take all appropriate measures, including legislation, to modify or abolish existing laws, regulations, customs and practices which constitute discrimination against women;

(*g*) To repeal all national penal provisions which constitute discrimination against women.

Article 3

States Parties shall take in all fields, in particular in the political, social, economic and cultural fields, all appropriate measures, including legislation, to ensure the full development and advancement of women, for the purpose of guaranteeing them the exercise and enjoyment of human rights and fundamental freedoms on a basis of equality with men.

Article 4

1. Adoption by States Parties of temporary special measures aimed at accelerating *de facto* equality between men and women shall not be considered discrimination as defined in the present Convention, but shall in no way entail as a consequence the maintenance of unequal or separate standards; these measures shall be discontinued when the objectives of equality of opportunity and treatment have been achieved.

2. Adoption by States Parties of special measures, including those

(c) 女子の権利の法的な保護を男子との平等を基礎として確立し，かつ，権限のある自国の裁判所その他の公の機関を通じて差別となるいかなる行為からも女子を効果的に保護することを確保すること．

(d) 女子に対する差別となるいかなる行為又は慣行も差し控え，かつ，公の当局及び機関がこの義務に従つて行動することを確保すること．

(e) 個人，団体又は企業による女子に対する差別を撤廃するためのすべての適当な措置をとること．

(f) 女子に対する差別となる既存の法律，規則，慣習及び慣行を修正し又は廃止するためのすべての適当な措置(立法を含む.)をとること．

(g) 女子に対する差別となる自国のすべての刑罰規定を廃止すること．

第3条 【女子の能力開発・向上の確保】

締約国は，あらゆる分野，特に，政治的，社会的，経済的及び文化的分野において，女子に対して男子との平等を基礎として人権及び基本的自由を行使し及び享有することを保障することを目的として，女子の完全な能力開発及び向上を確保するためのすべての適当な措置(立法を含む.)をとる．

第4条 【差別とならない特別措置】

1 締約国が男女の事実上の平等を促進することを目的とする暫定的な特別措置をとることは，この条約に定義する差別と解してはならない．ただし，その結果としていかなる意味においても不平等な又は別個の基準を維持し続けることとなつてはならず，これらの措置は，機会及び待遇の平等の目的が達成された時に廃止されなければならない．

2 締約国が母性を保護することを目的とする特別措置(この条約に規

measures contained in the present Convention, aimed at protecting maternity shall not be considered discriminatory.

Article 5

States Parties shall take all appropriate measures:

(*a*) To modify the social and cultural patterns of conduct of men and women, with a view to achieving the elimination of prejudices and customary and all other practices which are based on the idea of the inferiority or the superiority of either of the sexes or on stereotyped roles for men and women;

(*b*) To ensure that family education includes a proper understanding of maternity as a social function and the recognition of the common responsibility of men and women in the upbringing and development of their children, it being understood that the interest of the children is the primordial consideration in all cases.

Article 6

States Parties shall take all appropriate measures, including legislation, to suppress all forms of traffic in women and exploitation of prostitution of women.

PART II

Article 7

States Parties shall take all appropriate measures to eliminate discrimination against women in the political and public life of the country and, in particular, shall ensure to women, on equal terms with men, the right:

(*a*) To vote in all elections and public referenda and to be eligible for election to all publicly elected bodies;

(*b*) To participate in the formulation of government policy and the implementation thereof and to hold public office and perform all public functions at all levels of government;

定する措置を含む.)をとることは，差別と解してはならない.

第5条　【役割分担の否定】

締約国は，次の目的のためのすべての適当な措置をとる.

(a)　両性いずれかの劣等性若しくは優越性の観念又は男女の定型化された役割に基づく偏見及び慣習その他あらゆる慣行の撤廃を実現するため，男女の社会的及び文化的な行動様式を修正すること.

(b)　家庭についての教育に，社会的機能としての母性についての適正な理解並びに子の養育及び発育における男女の共同責任についての認識を含めることを確保すること．あらゆる場合において，子の利益は最初に考慮するものとする.

第6条　【売買・売春からの搾取の禁止】

締約国は，あらゆる形態の女子の売買及び女子の売春からの搾取を禁止するためのすべての適当な措置(立法を含む.)をとる.

第 2 部

第7条　【政治的・公的活動における平等】

締約国は，自国の政治的及び公的活動における女子に対する差別を撤廃するためのすべての適当な措置をとるものとし，特に，女子に対して男子と平等の条件で次の権利を確保する.

(a)　あらゆる選挙及び国民投票において投票する権利並びにすべての公選による機関に選挙される資格を有する権利

(b)　政府の政策の策定及び実施に参加する権利並びに政府のすべての段階において公職に就き及びすべての公務を遂行する権利

(*c*) To participate in non-governmental organizations and associations concerned with the public and political life of the country.

Article 8

States Parties shall take all appropriate measures to ensure to women, on equal terms with men and without any discrimination, the opportunity to represent their Governments at the international level and to participate in the work of international organizations.

Article 9

1. States Parties shall grant women equal rights with men to acquire, change or retain their nationality. They shall ensure in particular that neither marriage to an alien nor change of nationality by the husband during marriage shall automatically change the nationality of the wife, render her stateless or force upon her the nationality of the husband.
2. States Parties shall grant women equal rights with men with respect to the nationality of their childen.

PART III

Article 10

States Parties shall take all appropriate measures to eliminate discrimination against women in order to ensure to them equal rights with men in the field of education and in particular to ensure, on a basis of equality of men and women:

(*a*) The same conditions for career and vocational guidance, for access to studies and for the achievement of diplomas in educational establishments of all categories in rural as well as in urban areas; this equality shall be ensured in pre-school, general, technical, professional and higher technical education, as well as in all types of vocational training;

(*b*) Access to the same curricula, the same examinations, teaching

(c) 自国の公的又は政治的活動に関係のある非政府機関及び非政府団体に参加する権利

第8条 【国際的活動への参加の平等】

締約国は，国際的に自国政府を代表し及び国際機関の活動に参加する機会を，女子に対して男子と平等の条件でかついかなる差別もなく確保するためのすべての適当な措置をとる.

第9条 【国籍に関する平等】

1 締約国は，国籍の取得，変更及び保持に関し，女子に対して男子と平等の権利を与える．締約国は，特に，外国人との婚姻又は婚姻中の夫の国籍の変更が，自動的に妻の国籍を変更し，妻を無国籍にし又は夫の国籍を妻に強制することとならないことを確保する.

2 締約国は，子の国籍に関し，女子に対して男子と平等の権利を与える.

第 3 部

第10条 【教育における差別撤廃】

締約国は，教育の分野において，女子に対して男子と平等の権利を確保することを目的として，特に，男女の平等を基礎として次のことを確保することを目的として，女子に対する差別を撤廃するためのすべての適当な措置をとる.

(a) 農村及び都市のあらゆる種類の教育施設における職業指導，修学の機会及び資格証書の取得のための同一の条件．このような平等は，就学前教育，普通教育，技術教育，専門教育及び高等技術教育並びにあらゆる種類の職業訓練において確保されなければならない.

(b) 同一の教育課程，同一の試験，同一の水準の資格を有する教育職

staff with qualifications of the same standard and school premises and equipment of the same quality;

(*c*) The elimination of any stereotyped concept of the roles of men and women at all levels and in all forms of education by encouraging coeducation and other types of education which will help to achieve this aim and, in particular, by the revision of textbooks and school programmes and the adaptation of teaching methods;

(*d*) The same opportunities to benefit from scholarships and other study grants;

(*e*) The same opportunities for access to programmes of continuing education, including adult and functional literacy programmes, particularly those aimed at reducing, at the earliest possible time, any gap in education existing between men and women;

(*f*) The reduction of female student drop-out rates and the organization of programmes for girls and women who have left school prematurely;

(*g*) The same opportunities to participate actively in sports and physical education;

(*h*) Access to specific educational information to help to ensure the health and well-being of families, including information and advice on family planning.

Article 11

1. States Parties shall take all appropriate measures to eliminate discrimination against women in the field of employment in order to ensure, on a basis of equality of men and women, the same rights, in particular:

   (*a*) The right to work as an inalienable right of all human beings;

   (*b*) The right to the same empolyment opportunities, including the application of the same criteria for selection in matters of employment;

   (*c*) The right to free choice of profession and employment, the right to promotion, job security and all benefits and conditions

員並びに同一の質の学校施設及び設備を享受する機会

(c) すべての段階及びあらゆる形態の教育における男女の役割についての定型化された概念の撤廃を，この目的の達成を助長する男女共学その他の種類の教育を奨励することにより，また，特に，教材用図書及び指導計画を改訂すること並びに指導方法を調整することにより行うこと.

(d) 奨学金その他の修学援助を享受する同一の機会

(e) 継続教育計画(成人向けの及び実用的な識字計画を含む.)，特に，男女間に存在する教育上の格差をできる限り早期に減少させることを目的とした継続教育計画を利用する同一の機会

(f) 女子の中途退学率を減少させること及び早期に退学した女子のための計画を策定すること.

(g) スポーツ及び体育に積極的に参加する同一の機会

(h) 家族の健康及び福祉の確保に役立つ特定の教育的情報(家族計画に関する情報及び助言を含む.)を享受する機会

第 11 条 【雇用における差別撤廃】

1 締約国は，男女の平等を基礎として同一の権利，特に次の権利を確保することを目的として，雇用の分野における女子に対する差別を撤廃するためのすべての適当な措置をとる.

(a) すべての人間の奪い得ない権利としての労働の権利

(b) 同一の雇用機会(雇用に関する同一の選考基準の適用を含む.)についての権利

(c) 職業を自由に選択する権利，昇進，雇用の保障並びに労働に係るすべての給付及び条件についての権利並びに職業訓練及び再訓

of service and the right to receive vocational training and retraining, including apprenticeships, advanced vocational training and recurrent training;

(*d*) The right to equal remuneration, including benefits, and to equal treatment in respect of work of equal value, as well as equality of treatment in the evaluation of the quality of work;

(*e*) The right to social security, particularly in cases of retirement, unemployment, sickness, invalidity and old age and other incapacity to work, as well as the right to paid leave;

(*f*) The right to protection of health and to safety in working conditions, including the safeguarding of the function of reproduction.

2. In order to prevent discrimination against women on the grounds of marriage or maternity and to ensure their effective right to work, States Parties shall take appropriate measures:

(*a*) To prohibit, subject to the imposition of sanctions, dismissal on the grounds of pregnancy or of maternity leave and discrimination in dismissals on the basis of marital status;

(*b*) To introduce maternity leave with pay or with comparable social benefits without loss of former employment, seniority or social allowances;

(*c*) To encourage the provision of the necessary supporting social services to enable parents to combine family obligations with work responsibilities and participation in public life, in particular through promoting the establishment and development of a network of childcare facilities;

(*d*) To provide special protection to women during pregnancy in types of work proved to be harmful to them.

3. Protective legislation relating to matters covered in this article shall be reviewed periodically in the light of scientific and technological knowledge and shall be revised, repealed or extended as necessary.

練(見習，上級職業訓練及び継続的訓練を含む.)を受ける権利

(d) 同一価値の労働についての同一報酬(手当を含む.)及び同一待遇についての権利並びに労働の質の評価に関する取扱いの平等についての権利

(e) 社会保障(特に，退職，失業，傷病，障害，老齢その他の労働不能の場合における社会保障)についての権利及び有給休暇についての権利

(f) 作業条件に係る健康の保護及び安全(生殖機能の保護を含む.)についての権利

2 締約国は，婚姻又は母性を理由とする女子に対する差別を防止し，かつ，女子に対して実効的な労働の権利を確保するため，次のことを目的とする適当な措置をとる.

(a) 妊娠又は母性休暇を理由とする解雇及び婚姻をしているかいないかに基づく差別的解雇を制裁を課して禁止すること.

(b) 給料又はこれに準ずる社会的給付を伴い，かつ，従前の雇用関係，先任及び社会保障上の利益の喪失を伴わない母性休暇を導入すること.

(c) 親が家庭責任と職業上の責務及び社会的活動への参加とを両立させることを可能とするために必要な補助的な社会的サービスの提供を，特に保育施設網の設置及び充実を促進することにより奨励すること.

(d) 妊娠中の女子に有害であることが証明されている種類の作業においては，当該女子に対して特別の保護を与えること.

3 この条に規定する事項に関する保護法令は，科学上及び技術上の知識に基づき定期的に検討するものとし，必要に応じて，修正し，廃止し，又はその適用を拡大する.

Article 12

1. States Parties shall take all appropriate measures to eliminate discrimination against women in the field of health care in order to ensure, on a basis of equality of men and women, access to health care services, including those related to family planning.
2. Notwithstanding the provisions of paragraph 1 of this article, States Parties shall ensure to women appropriate services in connexion with pregnancy, confinement and the post-natal period, granting free services where necessary, as well as adequate nutrition during pregnancy and lactation.

Article 13

States Parties shall take all appropriate measures to eliminate discrimination against women in other areas of economic and social life in order to ensure, on a basis of equality of men and women, the same rights, in particular:

(*a*) The right to family benefits;

(*b*) The right to bank loans, mortgages and other forms of financial credit;

(*c*) The right to participate in recreational activities, sports and all aspects of cultural life.

Article 14

1. States Parties shall take into account the particular problems faced by rural women and the significant roles which rural women play in the economic survival of their families, including their work in the nonmonetized sectors of the economy, and shall take all appropriate measures to ensure the application of the provisions of the present Convention to women in rural areas.
2. States Parties shall take all appropriate measures to eliminate discrimination against women in rural areas in order to ensure, on a basis of equality of men and women, that they participate in and benefit from rural development and, in particular, shall en-

第 12 条 【保健における差別撤廃】

1 締約国は，男女の平等を基礎として保健サービス(家族計画に関連するものを含む.)を享受する機会を確保することを目的として，保健の分野における女子に対する差別を撤廃するためのすべての適当な措置をとる.

2 1の規定にかかわらず，締約国は，女子に対し，妊娠，分べん及び産後の期間中の適当なサービス(必要な場合には無料にする.)並びに妊娠及び授乳の期間中の適当な栄養を確保する.

第 13 条 【経済的・社会的活動における差別撤廃】

締約国は，男女の平等を基礎として同一の権利，特に次の権利を確保することを目的として，他の経済的及び社会的活動の分野における女子に対する差別を撤廃するためのすべての適当な措置をとる.

(a) 家族給付についての権利

(b) 銀行貸付け，抵当その他の形態の金融上の信用についての権利

(c) レクリエーション，スポーツ及びあらゆる側面における文化的活動に参加する権利

第 14 条 【農村女子に対する差別撤廃】

1 締約国は，農村の女子が直面する特別の問題及び家族の経済的生存のために果たしている重要な役割(貨幣化されていない経済の部門における労働を含む.)を考慮に入れるものとし，農村の女子に対するこの条約の適用を確保するためのすべての適当な措置をとる.

2 締約国は，男女の平等を基礎として農村の女子が農村の開発に参加すること及びその開発から生ずる利益を受けることを確保することを目的として，農村の女子に対する差別を撤廃するためのすべての適当な措置をとるものとし，特に，これらの女子に対して次の権

sure to such women the right:

(*a*) To participate in the elaboration and implementation of development planning at all levels;

(*b*) To have access to adequate health care facilities, including information counselling and services in family planning;

(*c*) To benefit directly from social security programmes;

(*d*) To obtain all types of training and education, formal and non-formal, including that relating to functional literacy, as well as, *inter alia*, the benefit of all community and extension services, in order to increase their technical proficiency;

(*e*) To organize self-help groups and co-operatives in order to obtain equal access to economic opportunities through employment or self employment;

(*f*) To participate in all community activities;

(*g*) To have access to agricultural credit and loans, marketing facilities, appropriate technology and equal treatment in land and agrarian reform as well as in land resettlement schemes;

(*h*) To enjoy adequate living conditions, particularly in relation to housing, sanitation, electricity and water supply, transport and communications.

PART IV

Article 15

1. States Parties shall accord to women equality with men before the law.
2. States Parties shall accord to women, in civil matters, a legal capacity identical to that of men and the same opportunities to exercise that capacity. In particular, they shall give women equal rights to conclude contracts and to administer property and shall treat them equally in all stages of procedure in courts and tribunals.
3. States Parties agree that all contracts and all other private in-

利を確保する.

(a) すべての段階における開発計画の作成及び実施に参加する権利

(b) 適当な保健サービス(家族計画に関する情報，カウンセリング及びサービスを含む.)を享受する権利

(c) 社会保障制度から直接に利益を享受する権利

(d) 技術的な能力を高めるために，あらゆる種類(正規であるかないかを問わない.)の訓練及び教育(実用的な識字に関するものを含む.)並びに，特に，すべての地域サービス及び普及サービスからの利益を享受する権利

(e) 経済分野における平等な機会を雇用又は自営を通じて得るために，自助的集団及び協同組合を組織する権利

(f) あらゆる地域活動に参加する権利

(g) 農業信用及び貸付け，流通機構並びに適当な技術を利用する権利並びに土地及び農地の改革並びに入植計画において平等な待遇を享受する権利

(h) 適当な生活条件(特に，住居，衛生，電力及び水の供給，運輸並びに通信に関する条件)を享受する権利

第 4 部

第 15 条 【法の前の男女平等】

1 締約国は，女子に対し，法律の前の男子との平等を認める.

2 締約国は，女子に対し，民事に関して男子と同一の法的能力を与えるものとし，また，この能力を行使する同一の機会を与える．特に，締約国は，契約を締結し及び財産を管理することにつき女子に対して男子と平等の権利を与えるものとし，裁判所における手続のすべての段階において女子を男子と平等に取り扱う.

3 締約国は，女子の法的能力を制限するような法的効果を有するす

struments of any kind with a legal effect which is directed at restricting the legal capacity of women shall be deemed null and void.

4. States Parties shall accord to men and women the same rights with regard to the law relating to the movement of persons and the freedom to choose their residence and domicile.

Article 16

1. States Parties shall take all appropriate measures to eliminate discrimination against women in all matters relating to marriage and family relations and in particular shall ensure, on a basis of equality of men and women:

 (*a*) The same right to enter into marriage;

 (*b*) The same right freely to choose a spouse and to enter into marriage only with their free and full consent;

 (*c*) The same rights and responsibilities during marriage and at its dissolution;

 (*d*) The same rights and responsibilities as parents, irrespective of their marital status, in matters relating to their children; in all cases the interests of the children shall be paramount;

 (*e*) The same rights to decide freely and responsibly on the number and spacing of their children and to have access to the information, education and means to enable them to exercise these rights;

 (*f*) The same rights and responsibilities with regard to guardianship, wardship, trusteeship and adoption of children, or similar institutions where these concepts exist in national legislation; in all cases the interests of the children shall be paramount;

 (*g*) The same personal rights as husband and wife, including the right to choose a family name, a profession and an occupation;

 (*h*) The same rights for both spouses in respect of the ownership, acquisition, management, administration, enjoyment and disposition of property, whether free of charge or for a valuable

べての契約及び他のすべての私的文書(種類のいかんを問わない.)を無効とすることに同意する.

4　締約国は，個人の移動並びに居所及び住所の選択の自由に関する法律において男女に同一の権利を与える.

第16条　【婚姻・家族関係における差別撤廃】

1　締約国は，婚姻及び家族関係に係るすべての事項について女子に対する差別を撤廃するためのすべての適当な措置をとるものとし，特に，男女の平等を基礎として次のことを確保する.

(a)　婚姻をする同一の権利

(b)　自由に配偶者を選択し及び自由かつ完全な合意のみにより婚姻をする同一の権利

(c)　婚姻中及び婚姻の解消の際の同一の権利及び責任

(d)　子に関する事項についての親(婚姻をしているかいないかを問わない.)としての同一の権利及び責任．あらゆる場合において，子の利益は至上である.

(e)　子の数及び出産の間隔を自由にかつ責任をもつて決定する同一の権利並びにこれらの権利の行使を可能にする情報，教育及び手段を享受する同一の権利

(f)　子の後見及び養子縁組又は国内法令にこれらに類する制度が存在する場合にはその制度に係る同一の権利及び責任．あらゆる場合において，子の利益は至上である.

(g)　夫及び妻の同一の個人的権利(姓及び職業を選択する権利を含む.)

(h)　無償であるか有償であるかを問わず，財産を所有し，取得し，運用し，管理し，利用し及び処分することに関する配偶者双方の同一の権利

consideration.

2. The betrothal and the marriage of a child shall have no legal effect, and all necessary action, including legislation, shall be taken to specify a minimum age for marriage and to make the registration of marriages in an official registry compulsory.

PART V

Article 17

1. For the purpose of considering the progress made in the implementation of the present Convention, there shall be established a Committee on the Elimination of Discrimination against Women (hereinafter referred to as the Committee) consisting, at the time of entry into force of the Convention, of eighteen and, after ratification of or accession to the Convention by the thirty-fifth State Party, of twenty-three experts of high moral standing and competence in the field covered by the Convention. The experts shall be elected by States Parties from among their nationals and shall serve in their personal capacity, consideration being given to equitable geographical distribution and to the representation of the different forms of civilization as well as the principal legal systems.
2. The members of the Committee shall be elected by secret ballot from a list of persons nominated by States Parties. Each State Party may nominate one person from among its own nationals.
3. The initial election shall be held six months after the date of the entry into force of the present Convention. At least three months before the date of each election the Secretary-General of the United Nations shall address a letter to the States Parties inviting them to submit their nominations within two months. The Secretary-General shall prepare a list in alphabetical order of all persons thus nominated, indicating the States Parties which have nominated them, and shall submit it to the States Parties.

2　児童の婚約及び婚姻は，法的効果を有しないものとし，また，婚姻最低年齢を定め及び公の登録所への婚姻の登録を義務付けるためのすべての必要な措置(立法を含む.)がとられなければならない.

第 5 部

第 17 条　【女子差別撤廃委員会】

1　この条約の実施に関する進捗状況を検討するために，女子に対する差別の撤廃に関する委員会(以下「委員会」という.)を設置する. 委員会は，この条約の効力発生の時は十八人の，三十五番目の締約国による批准又は加入の後は二十三人の徳望が高く，かつ，この条約が対象とする分野において十分な能力を有する専門家で構成する. 委員は，締約国の国民の中から締約国により選出されるものとし，個人の資格で職務を遂行する. その選出に当たつては，委員の配分が地理的に衡平に行われること並びに異なる文明形態及び主要な法体系が代表されることを考慮に入れる.

2　委員会の委員は，締約国により指名された者の名簿の中から秘密投票により選出される. 各締約国は，自国民の中から一人を指名することができる.

3　委員会の委員の最初の選挙は，この条約の効力発生の日の後六箇月を経過した時に行う. 国際連合事務総長は，委員会の委員の選挙の日の遅くとも三箇月前までに，締約国に対し，自国が指名する者の氏名を二箇月以内に提出するよう書簡で要請する. 同事務総長は，指名された者のアルファベット順による名簿(これらの者を指名した締約国名を表示した名簿とする.)を作成し，締約国に送付する.

4. Elections of the members of the Committee shall be held at a meeting of States Parties convened by the Secretary-General at United Nations Headquarters. At that meeting, for which two thirds of the States Parties shall constitute a quorum, the persons elected to the Committee shall be those nominees who obtain the largest number of votes and an absolute majority of the votes of the representatives of States Parties present and voting.
5. The members of the Committee shall be elected for a term of four years. However, the terms of nine of the members elected at the first election shall expire at the end of two years; immediately after the first election the names of these nine members shall be chosen by lot by the Chairman of the Committee.
6. The election of the five additional members of the Committee shall be held in accordance with the provisions of paragraphs 2, 3 and 4 of this article, following the thirty-fifth ratification or accession. The terms of two of the additional members elected on this occasion shall expire at the end of two years, the names of these two members having been chosen by lot by the Chairman of the Committee.
7. For the filling of casual vacancies, the State Party whose expert has ceased to function as a member of the Committee shall appoint another expert from among its nationals, subject to the approval of the Committee.
8. The members of the Committee shall, with the approval of the General Assembly, receive emoluments from United Nations resources on such terms and conditions as the Assembly may decide, having regard to the importance of the Committee's responsibilities.
9. The Secretary-General of the United Nations shall provide the necessary staff and facilities for the effective performance of the functions of the Committee under the present Convention.

4　委員会の委員の選挙は，国際連合事務総長により国際連合本部に招集される締約国の会合において行う．この会合は，締約国の三分の二をもつて定足数とする．この会合においては，出席しかつ投票する締約国の代表によつて投じられた票の最多数で，かつ，過半数の票を得た指名された者をもつて委員会に選出された委員とする．

5　委員会の委員は，四年の任期で選出される．ただし，最初の選挙において選出された委員のうち九人の委員の任期は，二年で終了するものとし，これらの九人の委員は，最初の選挙の後直ちに，委員会の委員長によりくじ引で選ばれる．

6　委員会の五人の追加的な委員の選挙は，三十五番目の批准又は加入の後，2から4までの規定に従つて行う．この時に選出された追加的な委員のうち二人の委員の任期は，二年で終了するものとし，これらの二人の委員は，委員会の委員長によりくじ引で選ばれる．

7　締約国は，自国の専門家が委員会の委員としての職務を遂行することができなくなつた場合には，その空席を補充するため，委員会の承認を条件として自国民の中から他の専門家を任命する．

8　委員会の委員は，国際連合総会が委員会の任務の重要性を考慮して決定する条件に従い，同総会の承認を得て，国際連合の財源から報酬を受ける．

9　国際連合事務総長は，委員会がこの条約に定める任務を効果的に遂行するために必要な職員及び便益を提供する．

Article 18

1. States Parties undertake to submit to the Secretary-General of the United Nations, for consideration by the Committee, a report on the legislative, judicial, administrative or other measures which they have adopted to give effect to the provisions of the present Convention and on the progress made in this respect:
   (*a*) Within one year after the entry into force for the State concerned;
   (*b*) Thereafter at least every four years and further whenever the Committee so requests.
2. Reports may indicate factors and difficulties affecting the degree of fulfilment of obligations under the present Convention.

Article 19

1. The Committee shall adopt its own rules of procedure.
2. The Committee shall elect its officers for a term of two years.

Article 20

1. The Committee shall normally meet for a period of not more than two weeks annually in order to consider the reports submitted in accordance with article 18 of the present Convention.
2. The meetings of the Committee shall normally be held at United Nations Headquarters or at any other convenient place as determined by the Committee.

Article 21

1. The Committee shall, through the Economic and Social Council, report annually to the General Assembly of the United Nations on its activities and may make suggestions and general recommendations based on the examination of reports and information received from the States Parties. Such suggestions and general recommendations shall be included in the report of the Committee together with comments, if any, from States Parties.

第 18 条　【締約国の報告義務】

1　締約国は，次の場合に，この条約の実施のためにとつた立法上，司法上，行政上その他の措置及びこれらの措置によりもたらされた進歩に関する報告を，委員会による検討のため，国際連合事務総長に提出することを約束する．

(a)　当該締約国についてこの条約が効力を生ずる時から一年以内

(b)　その後は少なくとも四年ごと，更には委員会が要請するとき．

2　報告には，この条約に基づく義務の履行の程度に影響を及ぼす要因及び障害を記載することができる．

第 19 条　【委員会の規則】

1　委員会は，手続規則を採択する．

2　委員会は，役員を二年の任期で選出する．

第 20 条　【委員会の会合】

1　委員会は，第十八条の規定により提出される報告を検討するために原則として毎年二週間を超えない期間会合する．

2　委員会の会合は，原則として，国際連合本部又は委員会が決定する他の適当な場所において開催する．

第 21 条　【委員会の報告・提案・勧告】

1　委員会は，その活動につき経済社会理事会を通じて毎年国際連合総会に報告するものとし，また，締約国から得た報告及び情報の検討に基づく提案及び一般的な性格を有する勧告を行うことができる．これらの提案及び一般的な性格を有する勧告は，締約国から意見がある場合にはその意見とともに，委員会の報告に記載する．

2. The Secretary-General of the United Nations shall transmit the reports of the Committee to the Commission on the Status of Women for its information.

Article 22

The specialized agencies shall be entitled to be represented at the consideration of the implementation of such provisions of the present Convention as fall within the scope of their activities. The Committee may invite the specialized agencies to submit reports on the implementation of the Convention in areas falling within the scope of their activities.

PART VI

Article 23

Nothing in the present Convention shall affect any provisions that are more conductive to the achievement of equality between men and women which may be contained:

(*a*) In the legislation of a State Party; or

(*b*) In any other international convention, treaty or agreement in force for that State.

Article 24

States parties undertake to adopt all necessary measures at the national level aimed at achieving the full realization of the rights recognized in the present Convention.

Article 25

1. The present Convention shall be open for signature by all States.
2. The Secretary-General of the United Nations is designated as the depositary of the present Convention.
3. The present Convention is subject to ratification. Instruments of ratification shall be deposited with the Secretary-General of the

2　国際連合事務総長は，委員会の報告を，情報用として，婦人の地位委員会に送付する．

第 22 条　【専門機関と委員会】

専門機関は，その任務の範囲内にある事項に関するこの条約の規定の実施についての検討に際し，代表を出す権利を有する．委員会は，専門機関に対し，その任務の範囲内にある事項に関するこの条約の実施について報告を提出するよう要請することができる．

第 6 部

第 23 条　【高水準の国内・国際法令の優先適用】

この条約のいかなる規定も，次のものに含まれる規定であつて男女の平等の達成に一層貢献するものに影響を及ぼすものではない．

(a)　締約国の法令
(b)　締約国について効力を有する他の国際条約又は国際協定

第 24 条　【条約上の権利の完全実現】

締約国は，自国において，この条約の認める権利の完全な実現を達成するためのすべての必要な措置をとることを約束する．

第 25 条　【署名，批准，加入，寄託】

1　この条約は，すべての国による署名のために開放しておく．
2　国際連合事務総長は，この条約の寄託者として指名される．

3　この条約は，批准されなければならない．批准書は，国際連合事務総長に寄託する．

United Nations.

4. The present Convention shall be open to accession by all States. Accession shall be effected by the deposit of an instrument of accession with the Secretary-General of the United Nations.

Article 26

1. A request for the revision of the present Convention may be made at any time by any State Party by means of a notification in writing addressed to the Secretary-General of the United Nations.
2. The General Assembly of the United Nations shall decide upon the steps, if any, to be taken in respect of such a request.

Article 27

1. The present Convention shall enter into force on the thirtieth day after the date of deposit with the Secretary-General of the United Nations of the twentieth instrument of ratification or accession.
2. For each State ratifying the present Convention or acceding to it after the deposit of the twentieth instrument of ratification or accession, the Convention shall enter into force on the thirtieth day after the date of the deposit of its own instrument of ratification or accession.

Article 28

1. The Secretary-General of the United Nations shall receive and circulate to all States the text of reservations made by States at the time of ratification or accession.
2. A reservation incompatible with the object and purpose of the present Convention shall not be permitted.
3. Reservations may be withdrawn at any time by notification to this effect addressed to the Secretary-General of the United Nations, who shall then inform all States thereof. Such notification

4　この条約は，すべての国による加入のために開放しておく．加入は，加入書を国際連合事務総長に寄託することによつて行う．

第 26 条　【改正】

1　いずれの締約国も，国際連合事務総長にあてた書面による通告により，いつでもこの条約の改正を要請することができる．

2　国際連合総会は，1 の要請に関してとるべき措置があるときは，その措置を決定する．

第 27 条　【効力発生】

1　この条約は，二十番目の批准書又は加入書が国際連合事務総長に寄託された日の後三十日目の日に効力を生ずる．

2　この条約は，二十番目の批准書又は加入書が寄託された後に批准し又は加入する国については，その批准書又は加入書が寄託された日の後三十日目の日に効力を生ずる．

第 28 条　【留保】

1　国際連合事務総長は，批准又は加入の際に行われた留保の書面を受領し，かつ，すべての国に送付する．

2　この条約の趣旨及び目的と両立しない留保は，認められない．

3　留保は，国際連合事務総長にあてた通告によりいつでも撤回することができるものとし，同事務総長は，その撤回をすべての国に通報する．このようにして通報された通告は，受領された日に効力を

shall take effect on the date on which it is received.

Article 29

1. Any dispute between two or more States Parties concerning the interpretation or application of the present Convention which is not settled by negotiation shall, at the request of one of them, be submitted to arbitration. If within six months from the date of the request for arbitration the parties are unable to agree on the organization of the arbitration, any one of those parties may refer the dispute to the International Court of Justice by request in conformity with the Statute of the Court.
2. Each State Party may at the time of signature or ratification of the present Convention or accession thereto declare that it does not consider itself bound by paragraph 1 of this article. The other States Parties shall not be bound by that paragraph with respect to any State Party which has made such a reservation.
3. Any State Party which has made a reservation in accordance with paragraph 2 of this article may at any time withdraw that reservation by notification to the Secretary-General of the United Nations.

Article 30

The present Convention, the Arabic, Chinese, English, French, Russian and Spanish texts of which are equally authentic, shall be deposited with the Secretary-General of the United Nations.

IN WITNESS WHEREOF the undersigned, duly authorized, have signed the present Convention.

生ずる．

第29条 【紛争の解決】

1　この条約の解釈又は適用に関する締約国間の紛争で交渉によつて解決されないものは，いずれかの紛争当事国の要請により，仲裁に付される．仲裁の要請の日から六箇月以内に仲裁の組織について紛争当事国が合意に達しない場合には，いずれの紛争当事国も，国際司法裁判所規程に従つて国際司法裁判所に紛争を付託することができる．

2　各締約国は，この条約の署名若しくは批准又はこの条約への加入の際に，1の規定に拘束されない旨を宣言することができる．他の締約国は，そのような留保を付した締約国との関係において1の規定に拘束されない．

3　2の規定に基づいて留保を付した締約国は，国際連合事務総長にあてた通告により，いつでもその留保を撤回することができる．

第30条 【正文】

この条約は，アラビア語，中国語，英語，フランス語，ロシア語及びスペイン語をひとしく正文とし，国際連合事務総長に寄託する．

以上の証拠として，下名は，正当に委任を受けてこの条約に署名した．

＊見出しは，岩沢雄司他編『国際条約集 2018』(有斐閣)より

解説　「女性差別撤廃条約」

1. 条約の特徴

女性差別撤廃条約は，正式名称を「女子に対するあらゆる形態の差別の撤廃に関する条約」といいます．この条約は1979年12月18日に国連総会(第34会期)で採択され，1981年9月3日に国際的な効力を発生しました．日本もこの条約を批准して条約の締約国になっています(1985年7月25日発効)．条約の締約国は，この条約の内容を国内でしっかり実現していくという「国際法上の義務」を負っています．日本の法制度において，批准した条約は国内法上の効力をもち，憲法と法律の間に位置する，つまり憲法の次に重要な法規範といえます．

1967年に「女性差別撤廃宣言」が国連総会決議として採択されました．しかし，これには法的拘束力がないため，女性差別撤廃のために拘束力ある国際文書(条約)を策定すべきであるとする機運が高まり，「国連女性の10年」(1976年～1985年)の追い風を受けて，条約は国連で制定されたのでした．

条約は，「固定化された男女の役割分担観念(「男は仕事，女は家庭」という考え方)」の変革を基本理念として，「法の下の平等」だけでなく「事実上の平等」を目指し，公の立場の人による差別ばかりでなく，個人・団体・企業(私人)による社会慣習・慣行における差別の撤廃も求めています．さらに条約は，女性差別の撤廃という最終目標を達成するためには，一時的に不平等な立場の人を優遇できるという「暫定的特別措置」(一般的には，ポジティブ・アクションといわれる)をも規定しています．

人権条約(人権保障のための国際文書)には「国際的実施措置」といわれる，締約国が条約を守っているのか監視し遵守を促進するさまざまな仕組み(報告制度，国家通報制度，個人通報制度，調査制度)が備わっています．人権条約の一つ，女性差別撤廃条約では，そのうち「報告制度」だけが規定されています．4年ごとに締約国が実施状況に関する定期報告書(レポート)を国連に提出し，女性差別撤廃委員会という条約によって設置された監視機構がこれを審議して，「総括所見」という勧告を国ごとに示すという仕組みが，「報告制度」です．

近年では，この総括所見のうち重要な課題で，2年以内に実行可能な項目を各国が実施しているかを確認する「フォローアップ手続」も行われています．

このような特徴をもつ女性差別撤廃条約は，「世界女性の憲法」と言われるとても重要な国際文書であり，世界189カ国(2018年4月末現在)が締約国になっています．

2. 第1部　総論(第1条～第6条)

第1条では，女性差別の定義が示され，性に基づくものであれば，区別・排除・制限はいずれも差別に当たるとしています．それは，政治的・経済的・社会的・文化的・市民的その他のいかなる分野の差別も含みます．そこに差別する意図がなくても，結果的にその効果をもつような行為も差別(間接差別)に当たります．また女性が結婚しているか否かで差別されてはなりませんし，女性に対する暴力(ドメスティック・バイオレンス(DV)やセクシュアル・ハラスメント等)も女性差別の一形態です．

第2条には，締約国の差別撤廃義務が規定されています．これには，男女平等原則の憲法への組み入れ，平等原則の実際的な実現の確保，すべての差別を禁止する法律の制定，裁判所などによる差別からの効果的保護，公務員による差別の禁止とともに，個人・団体・企業(私人)による差別の撤廃，慣習・慣行に基づく差別の修正・廃止等を含みます．

第3条は，女性の完全な発展・向上の確保を定めています．これには効果的な国内本部機構の設置，女性の地位向上のための広報活動，行動計画の策定，男女共同参画センターの設置，苦情処理機関の設置等が含まれます．

第4条は，差別とならない措置(暫定的特別措置)を規定しています．これには，①女性の応募の奨励・能力向上のための研修・仕事と家庭の両立支援等の穏健な措置，②女性の登用に関する努力目標を掲げるゴール・アンド・タイムテーブル方式等の中庸な措置，③クオータ制(割当制)など厳格な措置があります．ただしこれらの措置は「暫定的」でなければならず，「事実上の平等」が達成された場合には直ちに廃止されなければなりません．

第5条には，この条約の基本理念ともいえる「男女の固定的役割分担の否定」が明示され，「男は仕事，女は家庭」から，「男も女も家庭と仕事」へと男女の役割分担観念の変革を示しています．

第6条は，売買・売春からの搾取の禁止を定めています．女性の売買・売春からの搾取は人間の尊厳を否定するもので，女性差別の一形態だからです．これには，セックスツアーや先進国における途上国女性との見合い結婚等における新しい性的搾取も含みます．また条約には，女性に対する暴力について独立した規定がないため，この条文は性暴力に関する規制の根拠規定としても扱われます．

3. 第2部 公的生活に関する権利(第7条～第9条)

第7条は，政治的・公的活動における平等を規定しており，選挙権・被選挙権，政策の策定・実施への参加および公職に就く権利，公的・政治的活動にかかわるNGOへの参加の権利が対象になっています．

第8条は，国際的活動への参加の平等を規定しています．この条文に基づき，国を代表して他国に駐在する大使・公使，国際会議の政府代表等に女性を就任させるよう政府は適切な措置を取る必要があります．

第9条は，国籍に関する平等を規定しています．第1項では，国際結婚の際，妻の国籍が夫の国籍から独立したものであるとし，第2項では子の国籍に関する男女平等の権利を保障するものです．日本政府は，この条約を批准するに当たって，それまで日本人の父親から生まれた子だけが日本国籍を取得できるとする父系優先血統主義をとっていた国籍法を1984年に改正し，母親が日本人の子も日本国籍を取得できる父母両系血統主義に改めました．

4. 第3部 社会生活に関する権利(第10条～第14条)

第10条は，教育における差別撤廃を定めています．この条文は，職業教育，修学の機会，資格の取得，同一の教育課程，男女共学の奨励，教科書・指導計画の改訂，奨学金の機会，継続教育へのアプローチ，中途退学者の低減，スポーツへの参加，健康・福祉のための教育情報等あらゆる教育分野で男女平等を確保することを求めています．

日本では，高等学校の「家庭一般」が女子のみ必修にするとされていたことがこの条文の(b)号に違反したことから，条約批准に当たって，学習指導要領の改訂を行い，家庭科が男女とも選択必修になりました(1994年実施).

第11条は，雇用における差別撤廃です．第1項で，労働の権利，雇用機会，職業選択の自由・昇進・雇用保障・職業訓練，同一価値労働同一賃金，社会保障，健康の保護・安全の保障，第2項では，婚姻・出産休暇を理由とする解雇を制裁を課して禁止する等，婚姻・出産・育児に関する規定を置いています．日本は条約批准に当たって，1985年にそれまで女性労働を保護の対象としていた労働基準法を改正し，男女雇用機会均等法を制定してこれに対応しました．均等法はその後数回にわたる改定を経て，募集・採用・配置・昇進における差別の禁止，セクシュアル・ハラスメントや間接差別の禁止を規定するに至っています．

第12条は，保健における差別撤廃の規定です．とくにリプロダクティブ・ヘルス/ライツ(性と生殖に関する健康/権利)の保障が重要です．家族計画に関するサービスや妊娠・出産のケア，妊娠・出産・授乳期の栄養の確保は，とりわけ途上国で重要な課題となっています．

第13条は，経済的・社会的活動に関する差別撤廃として，家族給付，銀行貸付，レクリエーション・スポーツ・文化活動の男女平等を定めています．

第14条は，農山漁村女性に対する差別撤廃を規定しています．農山漁村の女性は，性別による差別だけでなく，封建的な環境の中で二重の差別を受けやすいことから，条約ではこのように独立の規定をおいています．

5. 第4部　私的生活に関する権利(第15条〜第16条)

第15条は，法の前の平等を規定し，法の前の男女平等を確認するとともに，女性が民事関係における法的能力を行使する機会について男性と同一の権利をもつことを保障しています．

第16条では，婚姻・家族生活における差別撤廃を規定しています．とくに本条は，結婚・離婚・親権，子の数・出産間隔の決定，夫婦の姓，財産上の権利における差別撤廃，児童婚の禁止，婚姻登録を定め

ています．この条文は，制定過程でも各国の議論が白熱し，現在でもイスラム諸国はこの条文を留保(適用除外)しています．日本も女性のみの再婚禁止期間，男女で差のある婚姻適齢，婚外子の差別，夫婦の姓の選択に関する法慣行などについて，女性差別撤廃委員会から本条違反の指摘を再三受けてきました．近年一部改善が見られるものの(例えば，婚外子の相続分を嫡出子の 2 分の 1 とする婚外子相続差別を定めた民法第 900 条 4 号但書前段が最高裁判所に 2013 年に違憲と判断され，該当部分を削除する民法改正が行われた．)課題が山積しています．

6. 第 5 部・女性差別撤廃委員会(第 17 条～第 22 条)と第 6 部・最終条項(第 23 条～第 30 条)

第 5 部は女性差別撤廃委員会の権限・活動や報告制度等に関する規定，第 6 部は最終条項として適用手続きに関する規定です．

私たちには，女性差別の撤廃に関する国際基準であるこの条約をよく知り，活用していくことが求められます．(川眞田嘉壽子)

女性差別撤廃条約選択議定書

女子に対するあらゆる形態の差別の撤廃に関する条約選択議定書

採　択　1999年10月6日
効力発生　2000年12月22日
日本国

この議定書の締約国は，国連憲章が基本的人権，人間の尊厳と価値及び男女の同権に対する信念を再確認していることに留意し，また，世界人権宣言が，すべての人間は，生まれながらにして自由であり，かつ，尊厳及び権利について平等であること，並びに，何人も，性別に基づく差別を含むいかなる差別をも受けることなく，その中に掲げられたあらゆる権利と自由を享有することができることを宣明していることにも留意し，国際人権規約及びその他の国際人権基本文書が，性別による差別を禁止していることを想起し，また，女子に対するあらゆる形態の差別の撤廃に関する条約(「条約」とする)において，その締約国が，女性に対するあらゆる形態の差別を非難するとともに，すべての適切な手段により，女性に対する差別を撤廃する政策を遅滞なく追求する旨合意していることも想起し，女性によるあらゆる人権と基本的自由の完全かつ平等な享受を確保し，これらの権利と自由の侵害を防止するために効果的な行動をとる決意を再確認し，以下のとおり合意した.

第1条　【個人通報に関する委員会の権限】

この議定書の締約国(「締約国」)は，第2条に基づき提出された通報を，女子差別撤廃委員会(「委員会」)が受理し及び審議する権限を有することを認める.

第2条　【通報の提出】

通報は，締約国の管轄下にある個人又は集団であって，条約に定めるいずれかの権利が侵害されたと主張するものにより，又はそれに代

わって提出することができる．個人又は集団に代わって通報を提出する場合は，当該個人又は集団の同意を得て行うものとする．ただし，かかる同意がなくとも申立人が当該個人又は集団に代わって行動することを正当化できる場合は，この限りでない．

第3条 【受理できない通報】

通報は，文書で行うものとし，匿名であってはならない．委員会は，条約の締約国ではあるがこの議定書の締約国でないものに関するいかなる通報も受理してはならない．

第4条 【通報の受理可能性】

1　委員会は，利用し得るすべての国内的救済措置が尽くされたことを確認した場合を除き，通報を検討しない．ただし，かかる救済措置の適用が不当に引き延ばされたり，効果的な救済の見込みがない場合は，この限りでない．

2　委員会は，次の場合，通報を受理することができないと宣言する．

(a) 同一の問題が委員会によってすでに審議されており，若しくは他の国際的調査又は解決手続きの下ですでに審議され又は審議中である．

(b) 通報が条約の規定に抵触する場合

(c) 通報が明らかに根拠を欠いており又は十分に立証されない．

(d) 通報提出の権利の乱用である．

(e) 通報の対象となった事実が，当該締約国について本議定書が発効する以前に発生している．ただし，かかる事実がこの期日以降も継続している場合は，この限りでない．

第5条 【暫定措置】

1　通報が受理されてから理非の決定に到達するまでのいずれかの時点で，委員会は，該当する締約国に対し，通報の対象となった権利侵害の被害者に取り返しのつかない損害が及ぶ可能性を回避するために必要となり得る暫定的な措置を講ずるよう要請し，その緊急な検討を求めることができる．

2　委員会による本条第1項に定める裁量権の行使は，該当する通報の受理可能性又は理非に関する決定を示唆するものではない．

第6条 【締約国への照会】

1　委員会が該当する締約国に対する照会を行わずに，通報が受理不

可能と判断する場合を除き，かつ，通報の本人である個人又は集団が当該締約国に対するその身元の開示に同意していることを条件に，委員会は，この議定書に基づき提出された通報に関して，極秘に当該締約国の注意を喚起するものとする．

2　通報を受理する締約国は，6 箇月以内に，委員会に説明書又は声明書を提出し，事実関係及び当該締約国によってとられた救済措置がある場合には，これを明らかにする．

第 7 条　【委員会による検討】

1　委員会は，個人又は集団により，若しくはそれらに代わり，並びに関係締約国によって提出されたあらゆる情報に照らして，この議定書に基づき受理した通報を検討するものとするが，この場合，この情報が当事者に伝達されていることを条件とする．

2　委員会は，この議定書に基づく通報を検討する際には，非公開の会合を開くものとする．

3　委員会は，通報を検討した後，通報に関する意見を，勧告があればこれと共に当事者に送付する．

4　当該締約国は，委員会の意見がもしあればその勧告と共に十分に検討した上で，6 箇月以内に，委員会に委員会の意見及び勧告に照らしてとられたいかなる行動に関する情報も含め，回答書を提出するものとする．

5　委員会は，当該締約国に対し，同国がその意見又はもしあれば勧告に応じて講じたいかなる措置に関してもさらに情報を提出するよう促すことができるが，委員会が適切と判断する場合，かかる情報は，条約第 18 条に基づき当該国が後に作成する報告書に含めることができる．

第 8 条　【情報に対する委員会の調査】

1　委員会は，締約国による条約に定める権利の重大又は組織的な侵害を示唆する信頼できる情報を受理した場合には，当該締約国に対し，情報の検討における協力及び，この目的のために関係情報に関する見解の提出を促す．

2　委員会は，当該締約国から提出された見解及びその他の信頼できる情報があれば，これらを考慮した上で，調査を実施し，委員会に緊急の報告を行うよう 1 人又は複数の委員を指名することができる．十

分な根拠及び当該締約国の同意がある場合，調査に同国領域への訪問を含めることができる．
3　かかる調査の結果を検討した上で，委員会は，何らかの註釈及び勧告があればこれを添えて，これらの調査結果を当該締約国に送付する．
4　当該締約国は，委員会が送付した調査結果，註釈及び勧告の受理から6箇月以内に，その見解を委員会に提出する．
5　かかる調査は極秘に行うものとし，手続きのあらゆる段階において，当該締約国の協力が求められる．

第9条　【調査に応じてとった措置の報告】

1　委員会は，関係締約国に対し，この議定書第8条に基づき行われた調査を受けて講じられたいかなる措置も，条約第18条に基づく報告書に含めるよう促すことができる．
2　委員会は，必要に応じ，第8条4項にある6箇月の期間の満了後も，当該締約国に対し，かかる調査に応えて講じられた措置について通知するよう促すことができる．

第10条　【第8条及び第9条の不適用に関する宣言】

1　各締約国は，この議定書の署名又は批准，若しくはこれへの加入の際に，第8条及び第9条に定める委員会の権限を認めない旨宣言することができる．
2　本条1項に基づく宣言を行った締約国は，事務総長に対する通告により，いつでもこの宣言を撤回することができる．

第11条　【通報者の保護】

締約国は，その管轄下にある者が，この議定書に従って委員会へ通報を行った結果として，虐待あるいは脅迫を受けないよう，あらゆる適切な措置を講ずる．

第12条　【年次報告】

委員会は，条約第21条に基づくその年次報告の中に，この議定書に基づくその活動の概要を含める．

第13条　【広報】

各締約国は，条約及びこの議定書を公表し，及び広く周知させ，並びに特に当該締約国が関係する事案についての委員会の見解及び勧告に関する情報へのアクセスを容易にすることを約束する．

第 14 条 【手続規則】

委員会は，自らの手続規則を定め，この議定書によって与えられた権限を行使する際には，これに従う．

第 15 条 【署名，批准，加入】

1 この議定書は，条約に署名し，これを批准又はこれに加入した国による署名のために開放しておく．

2 この議定書は，条約の批准国及び加入国による批准に付されるものとする．批准書の寄託先は国際連合事務総長とする．

3 この議定書には，条約を批准，又はこれに加入した国のために開放しておく．

4 加入は，加入書を国際連合事務総長に寄託することによって効力を生ずる．

第 16 条 【効力発生】

1 この議定書は，国際連合事務総長に 10 番目の批准書又は加入書が寄託された日から 3 箇月後に効力を生ずる．

2 この議定書の発効後に批准又は加入を行う各国について，この議定書は，自国の批准書又は加入書の寄託の日から 3 箇月後に効力を生ずる．

第 17 条 【留保】

この議定書に対しては，いかなる留保も認められない．

第 18 条 【改正】

1 いずれの締約国も，この議定書に対する修正を提案し，これを国際連合事務総長に提出することができる．事務総長は，これを受け，いかなる修正案も締約国に通報するとともに，当該修正案に関する討議および票決を目的とした締約国会議の開催を望むか否かを同人に通知するよう要請する．締約国の 3 分の 1 以上がかかる会議を望む場合には，事務総長は，国際連合の主催によりこの会議を招集する．会議に出席し，かつ，投票する締約国の過半数によって採択されたいかなる修正案も国際連合総会に提出され，その承認を受ける．

2 修正条項は，国際連合総会によって承認され，かつ，この議定書の締約国の 3 分の 2 により，各国の憲法に定める過程を経て受け入れられた時点で，効力を生ずる．

3 修正条項は，その発効の時点で，これを受け入れた締約国に対し

て拘束力を有するが，その他の締約国については，この議定書の規定及び以前に受け入れた修正条項があればその修正条項が引き続き拘束力を有する．

第 19 条 【廃棄】

1　いずれの締約国も，国際連合事務総長に対して書面による通告を行うことにより，この議定書を破棄することができる．破棄は，同事務総長が通告を受理した日から 6 箇月後に効力を生ずる．

2　第 2 条に基づき提出された通報，又は破棄の発効期日以前に第 8 条に基づき開始された調査がある場合，破棄はこれらに対するこの議定書の条項の適用の継続を妨げない．

第 20 条 【通知】

国際連合事務総長は，次の事項をすべての加盟国に対し通知する．

(a) この議定書の規定による署名，批准及び加入，

(b) この議定書の発効の日及び第 18 条の規定による修正条項がある場合には，その発効の日，

(c) 第 19 条の規定による破棄.

第 21 条 【正文】

1　この議定書は，アラビア語，中国語，英語，フランス語，ロシア語及びスペイン語をひとしく正本とし，国際連合の公式記録保管所に寄託される．

2　国際連合事務総長は，この議定書の認証謄本を条約第 25 条にあるすべての国に送付する．

〔国連広報センター非公式訳〕

＊見出しは，岩沢雄司他編『国際条約集 2018』(有斐閣)より

Q&A 「女性差別撤廃条約選択議定書」とは？

Q 1. 「選択議定書」とは？

A. 選択議定書は，女性差別撤廃条約の実効性を強めるための条約です．女性差別撤廃条約の場合，女性差別撤廃条約が本体で，その付属の条約が選択議定書です．本来の条約とは別に，締約国になるための「批准」という手続きが必要です．締約国になるかどうかが「選択的」とされているため，選択議定書といいます．もちろん，女性差別撤廃条約の締約国でなければ，選択議定書の締約国にはなれません．また，選択議定書では，「個人通報制度」と「調査制度」の二つを定めています．現在 113 カ国(2019 年 9 月末現在)が締約国になっています．

Q 2. なぜ選択議定書ができたの？

A. これまで，締約国に女性差別撤廃条約を守らせるための制度は，締約国が国内での実施状況を国連に報告する，いわゆる「報告制度」だけでした．この制度は，締約国が条約の批准後 1 年以内に第 1 回目の定期報告書を，第 2 回目以降は 4 年ごとに国連に定期報告書を提出し，女性差別撤廃委員会(CEDAW)で審議が行われるというものです．

しかし，定期報告書では，その国の女性の状況に関する報告が，どうしても政府からの視点に片寄りがちです．また，これだけでは個人に対する女性差別の救済にはなりません．そのため，選択議定書が必要とされるようになったのです．

Q 3. 「個人通報制度」とは？

A. 「個人通報制度」とは，個人や個人のグループが，女性差別撤廃委員会に条約違反の女性差別を書面で通報する制度です．

通報は，「国内的救済を尽くした後」でなければなりません．日本の場合には裁判が三審制ですから，最高裁判所まで争って負けたときが，「国内的救済を尽くした」ということになります．ただし，国内的救済(裁判)が不当に長く引き延ばされている場合と，効果的な救済の見込みのない場合は，最高裁判所の判決を待たずに，女性差別撤廃委員会の個人通報制度に訴えることができます．

個人通報の事例で正式に女性差別撤廃委員会に受理された事例は111件あります．条約のどの条文に違反しているのかを審理する本案審理の結果，条約違反と認定された事例は既に23件を超えています(2017年3月現在)．その多くがドメスティック・バイオレンス，強姦，セクシュアル・ハラスメント等の性暴力に関するものです．

Q 4. 「調査制度」とは？

A. 調査制度とは，女性差別撤廃委員会が，選択議定書の加盟国による条約上の権利の「重大又は組織的な侵害」があるという信頼すべき情報を受け取った場合に，その情報について，問題となっている国の協力の下に調査を行うことができる制度です．ただし，国内訪問調査については，その国の同意が必要です．

これまで調査事例としては，メキシコ・チワワ州シウダ・ファレス地域における女性の誘拐・強姦・殺人に関する事例とカナダ先住民女性の失踪・殺害に関する事例の手続きが終了しています．近年急速に情報提供が増加しています．現在継続中の事件は国名未公表のため地域でしか示すことができませんが，旧東欧の国の年金，アジアの国の少数民族に関する性暴力，アフリカの国でのDV，FGM(女性器切除)，女児の誘拐・人身売買，南米の国でのフェミサイド(女性であることを理由とする殺害)など，10件以上に及んでいます．

Q 5. 日本は選択議定書の締約国にならないの？

A. 現在のところ日本は，選択議定書の締約国になるための批准手続きを行っていませんので，日本国内で起こった条約違反について，個人通報制度や調査制度を利用することができません．

日本では個人通報制度の導入については，他の人権条約との関係も含めて何十年にもわたって議論されてきました．日本政府は，個人通報制度を導入すると日本の「司法権の独立」に抵触すると主張して，選択議定書の批准に消極的な姿勢を長く維持してきました．

個人通報制度の導入は，国内において人権の国際基準の適用を促し，条約の実施・女性の人権保障に資することは間違いありません．選択議定書の早期批准は日本にとって喫緊の課題といえましょう．

(川眞田嘉壽子)

参考図書・資料（五十音順）

IWRAW Asia Pacific 編，国際女性の地位協会訳『女性差別撤廃条約選択議定書活用ガイド』国際女性の地位協会，2007 年
赤松良子『均等法をつくる』勁草書房，2003 年
赤松良子・A. フレイザー・藤原房子(国際女性の地位協会)『女の力はどう変わる？－女子差別撤廃条約 10 年をへて』岩波ブックレット，1990 年
赤松良子監修，国際女性の地位協会編『女性の権利－ハンドブック女性差別撤廃条約』岩波ジュニア新書，1999 年
赤松良子監修，国際女性の地位協会編『新版 女性の権利－ハンドブック女性差別撤廃条約』岩波ジュニア新書，2005 年
赤松良子・中田美子・松本泰子・山下泰子編著『ひとすじの道－中村道子ライフストーリー』国際女性の地位協会，2007 年
赤松良子・山下泰子監修，日本女性差別撤廃条約 NGO ネットワーク編『女性差別撤廃条約と NGO』明石書店，2003 年
浅倉むつ子『労働法とジェンダー』勁草書房，2004 年
小笠原みどり(文)，永田萠(絵)『世界中のひまわり姫へ－未来をひらく「女性差別撤廃条約」』ポプラ社，2000 年
加藤美奈子監修(解説)，神宮寺一(マンガ)，三上修平(シナリオ)『学習漫画 世界の伝記 NEXT 与謝野晶子』集英社，2011 年
国際女性の地位協会編『国際女性』尚学社，1988 年(第 1 号)～2017 年(第 31 号)
国際女性の地位協会編『世界から日本へのメッセージ－女子差別撤廃条約と日本女性の現状』尚学社，1989 年
国際女性の地位協会編『女子差別撤廃条約－国際化の中の女性の地位』三省堂，1990 年
国際女性の地位協会編『女子差別撤廃条約注解』尚学社，1992 年(初版)，1994 年(改訂版)
国際女性の地位協会編『やさしく学ぼう 女性差別撤廃条約』国際女性の地位協会，1997 年
国際女性の地位協会編『女性関連法データブック』有斐閣，1998 年

国際女性の地位協会編『新六法2002 別冊付録 女性関連法・資料ガイド』三省堂, 2001年
国際女性の地位協会編『コンメンタール 女性差別撤廃条約』尚学社, 2010年
相良憲昭監修(解説), よしまさこ(マンガ), 和田奈津子(シナリオ)『学習漫画 世界の伝記NEXT エレノア・ルーズベルト』集英社, 2013年
竹信三恵子『女性を活用する国, しない国』岩波ブックレット, 2010年
男女共同参画統計研究会編『男女共同参画統計データブックー日本の女性と男性』ぎょうせい, 2015年
角田由紀子『性と法律ー変わったこと, 変えたいこと』岩波新書, 2013年
内閣府『平成29年版男女共同参画白書』勝美印刷, 2017年
土方悠『週刊マンガ日本史44号 平塚らいてうー飛び立て「新しい女」たち』朝日新聞出版, 2010年
婦人研究者グループ編『世界女性の「将来戦略」と私たち』草の根出版会, 1986年
三浦まり編著『日本の女性議員ーどうすれば増えるのか』朝日新聞出版, 2016年
宮地光子監修, ワーキング・ウイメンズ・ネットワーク編『男女賃金差別裁判 「公序良俗」に負けなかった女たち』明石書店, 2005年
村松安子・村松泰子編『エンパワーメントの女性学』有斐閣, 1995年
矢澤澄子監修, 横浜市女性協会編『女性問題キーワード111』ドメス出版, 1997年
矢澤澄子・山下泰子監修, 国際女性の地位協会編『やさしく学ぼう 女性の権利』国際女性の地位協会, 2001年(初版), 2003年(改訂版), 2005年(第3版)
矢澤澄子・山下泰子監修, 国際女性の地位協会編『学んで活かそう 女性の権利』国際女性の地位協会, 2010年(初版), 2012年(改訂版), 2014年(改訂2版), 2016年(改訂3版)

山下泰子『女性差別撤廃条約と日本』尚学社，2010 年
山下泰子・植野妙実子編著『フェミニズム国際法学の構築』中央大学出版部，2004 年
山下泰子・辻村みよ子・浅倉むつ子・二宮周平・戒能民江編『ジェンダー六法』信山社，2011 年(第 1 版)，2015 年(第 2 版)
米田眞澄・堀口悦子編著『Q＆A で学ぶ女性差別撤廃条約と選択議定書』明石書店，2002 年

（有澤知子）

インターネット検索の方法

インターネット上の情報は玉石混淆です．ホームページ(HP)のデザインにかかわらず，運営者や執筆者を確認しましょう．知名度が低い，社会的評価の確立していない個人・団体が運営するHPは避けた方が無難です．誰でも書き込めるインターネット上の事典類には事実関係，専門用語など誤った情報が数多くあります．質問投稿サイトも同様です．あくまでも参考程度にとどめておきましょう．信頼性の高いサイトを見つけるには，基礎的な参考文献を読んで勉強し，大学などの研究機関が「リンク集」に掲げたものから始めるとよいでしょう．

サーチエンジンで検索すると，入力したキーワード以外のものは見つけられません．また，古い文書は載っていません．最初のデータにあった間違いが延々とコピー&ペーストされることもあります．一方，本のページをめくると，予想外の重要な意見や情報を見つけられる場合があります．ぜひ本を積極的に読んで下さい．

以下に，本書のテーマに関わる主な検索先サイトのURLを記しました．リンク先を含めて活用し，女性差別撤廃条約と，条約を基点とした男女平等の国際基準，国内外の動向についての最新情報などにアクセスし，学びを深め，視野を広げて下さい．　（軽部恵子）

＊国連広報センター　http://www.unic.or.jp
＊国連総会　http://www.un.org/en/ga/
＊国連女性差別撤廃委員会(CEDAW)
　http://www.ohchr.org/EN/HRBodies/CEDAW/Pages/CEDAWIndex.aspx/
＊国連女性の地位委員会(CSW)　http://www.unwomen.org/ja/csw
＊内閣府男女共同参画局　http://www.gender.go.jp
＊外務省　http://www.mofa.go.jp/mofaj/
＊厚生労働省　http://www.mhlw.go.jp/
＊日本年金機構　http://www.nenkin.go.jp/
＊国際女性の地位協会　http://www.jaiwr.net/
＊国連ウィメン日本協会　http://www.unwomen-nc.jp/
＊国立女性教育会館　https://www.nwec.jp/

映像資料

各章のテーマに関する映像資料(各 1 点)を以下に紹介します．テーマを深めていく足掛かりになる作品ばかりです．

序章　『ベアテの贈りもの』(日本，2004 年／監督・脚本：藤原智子)

日本国憲法(1946 年 11 月 3 日公布・1947 年 5 月 3 日施行)第 14 条「法の下の平等」と第 24 条「家族生活における個人の尊厳と両性の平等」の草案作り等に貢献したベアテ・シロタ・ゴードンの功績と，この新憲法の下で社会進出を果たした日本女性の群像を活き活きと描いたドキュメンタリー．

1 章　『カラーパープル』(米，1985 年／監督：スティーヴン・スピルバーグ)

アリス・ウォーカーの同名小説の映画化．題名は，アフリカ系米人が紫色を好むところから来ている．アフリカ系米人姉妹の人種差別と静かに闘う 40 年間を描いた人間ドラマ．

2 章　『未来を花束にして』(英，2015 年／監督：サラ・ガヴロン)

1910 年代のイギリスで，女性参政権を求めて過激に闘った「サフラジェット」と呼ばれた女性たちを描く．

3 章　『美女と野獣』(米，2017 年／監督：ビル・コンドン)

国連ウィメンの親善大使エマ・ワトソン主演．見かけではない，愛の貴さを描いている．ヒロインは，読書好きの変わった女性として描かれるが，本を読む少女をエンパワーする姿が素晴らしい．

4 章　『あゝ野麦峠』(日本，1979 年／監督：山本薩夫)

山本茂実のノンフィクションで知られる．岐阜県飛騨地方の 10 代の少女が雪の中，難所の野麦峠を命がけで越え，長野県の諏訪や岡谷の製糸工場で働く姿を描く．劣悪な労働環境で働く「女工」といわれた少女たちの苦難の日々を映し出す．

5章　『サラの鍵』(仏，2010年／監督：ジル・パケ＝ブランネール)
　2006年のタチアナ・ド・ロネの同名小説を原作に，現代の女性ジャーナリストが，ヴィシー政権(親ナチス)下でのパリのユダヤ人狩りで隠れ家となった部屋の秘密に迫る物語.

6章　『愛がこわれるとき』(米，1991年／監督：ジョセフ・ルーベン)
　原作は，ナンシー・プライスの『逃げる女』. ジュリア・ロバーツが主役となる妻を演じるドメスティック・バイオレンス(DV)を描いた映画. 典型的なDVのサイクルが描かれる.

7章　『17歳のカルテ』(米，1999年／監督：ジェームズ・マンゴールド)
　原作は，スザンナ・ケイセン『思春期病棟の少女たち』. 公開当時大スターだったウィノナ・ライダーが主演. 思春期の薬物依存などで精神科病棟に入院した少女たちの悩み，苦しみなどを等身大で描く.

8章　『ハイヒールの男』(韓国，2014年／監督：チャン・ジン)
　韓流の名優チャ・スンウォンが演じる，最強の刑事が，実は「女性になりたい」という願望を持つトランスジェンダーであり，そのことに悩み，人生を選択する姿を哀切に描く.

9章　『愛を読むひと』(米・独合作，2008年／監督：スティーヴン・ダルドリー)
　1995年に出版されたベルンハルト・シュリンクの小説『朗読者』の映画化. ナチス政権下の文字の読めない女性の人生の悲劇を，戦前・戦後を通じて描く. 字が読めないので，他人に「朗読してもらう」ことが，原作の題名になっている.

終章　『みすゞ』(日本，2001年／監督：五十嵐匠)
　大正の中頃，日本海の港町仙崎(山口県)で，少女・金子テルは，本屋の店番の傍らに書いた詩を「みすゞ」というペンネームで雑誌に投稿し，やがて西條八十に「若き童謡詩人の巨星」と認められるようになるが，苦難の人生の末に自死に至るまでを描く.

〈本書に関連するその他の映像資料〉

3章(コラム⑤)関連　『BBC マララ〜教育を求めて闘う少女〜』(英, 2013年)

一人の少女の言葉が，行動が，世界を変える．2012年パキスタンの少女マララ・ユスフザイは，イスラム社会における女性(少女)への教育の重要性を訴え活動していたが，タリバンに銃撃される．その後，奇跡的に回復．現在は英国に住み，活動を継続している．最年少で，ノーベル平和賞を受賞．

2章，4章関連　『BBC 現代女性のキャリアと活躍 全4巻』(英, 2016年)

ガラスの天井を破った女性たちの，現代社会での活躍を映したドキュメンタリー．新たなリーダーシップを考える政治の場や途上国の村などで活動する現在の女性たちの姿を伝える．

5〜8章関連　『グリー』(米，テレビドラマシリーズ)

2009年5月から2015年3月まで，全121回放映された人気テレビシリーズ．アメリカの高校のグリークラブを中心に，父二人のゲイ家族で代理母により生まれたヒロインをはじめ，「多様性」のある高校生が登場し，毎回のストーリーも性や友情などについて考えさせるものとなっている．

選択議定書・調査制度関連　『ボーダータウン　報道されない殺人者』
(米，2006年／監督：グレゴリー・ナヴァ)

2005年に公表された，条約選択議定書調査制度の初の適用事例であるメキシコ・ケースを映画化．シウダ・ファレスでの若い女性の大量の行方不明・殺人事件を描く．主演は，国連のグローバル・アンバサダーであるジェニファー・ロペス．

(堀口悦子)